Peter Francis Lobkowicz

Die Legende der Freimaurer

Mit einer Einführung von
Prof. Dr. Alexander Giese

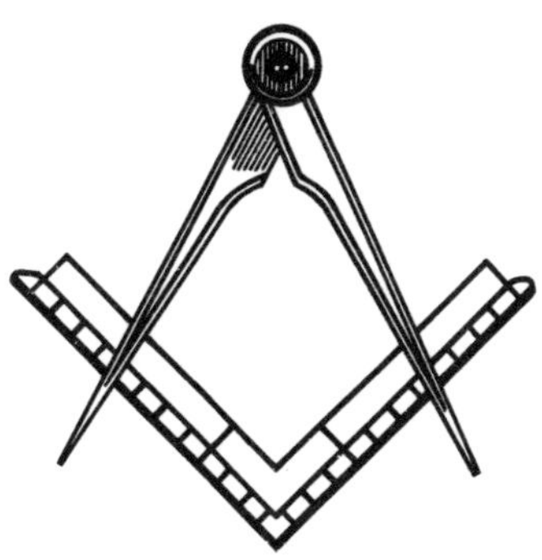

AMALTHEA

Die 1. Auflage erschien 1971
im Bauhütten Verlag, Hamburg

Umschlag: Wolfgang Heinzel
Herstellung: VerlagsService Dr. Helmut Neuberger
& Karl Schaumann GmbH, Heimstetten
Druck und Bindung: Wiener Verlag, Himberg bei Wien
Printed in Austria 1992
ISBN 3-85002-328-1

VORWORT

Es gibt seit alters her Grundmuster, Mythen, in denen unausweichliche Konflikte dargestellt werden: offenbar sind es wiederkehrende, wiederholt auftretende Situationen, hier die, in welche der kreative einzelne, der Baumeister, der Schmied, der Gemeinschaft gegenüber gerät (oder geraten kann).
Solche Situationen, die rational nicht lösbar sind, nehmen Gestalt an, in einer Erzählung, einer Legende, einer Sage, im Drama. Wort und Metapher dieser Legende »erklären« aber nicht, sondern stellen dar, vermitteln, wollen Erlebnisse von Bedeutung nachvollziehbar machen.
Die freimaurerische Legende ist keine willkürliche Erfindung. Die Aporie zwischenmenschlicher Beziehungen, also ein nicht auflösbarer Konflikt, er führte im griechischen Drama zur klassischen Tragödie, in der der Held oder die Heldin am Schicksal, an den Göttern, an den Mitmenschen, an sich selbst scheitert. Immer wieder steht der Mensch ihm unbegreiflichen Gewalten gegenüber, auch die Beziehung zum Nächsten, zum Mitmenschen erscheint sehr oft unrettbar gefährdet, ist ebenso gefahrvoll, ja sogar tödlicher als die Begegnung mit Göttern und Heroen.
Diese Legende könnte als ein sehr später Mythos angesehen werden, als die ausgearbeitete Fassung einer uralten Opfer- und Baumythe. Die Bauhüttenmeister, die Dome errichteten, die wir als romanisch oder gotisch klassifizieren, arbeiteten an diesen Riesenbauwerken meist ihr ganzes Leben hindurch. Sie empfanden ihre

Kunst als eine königliche und sie überantworteten ihre Arbeit am Sakralbau sehr bewußt der nächsten Generation, standen ein Leben lang mit der vergangenen, gegenwärtigen und mit der kommenden Generation im Wettbewerb. Ihr Können, ihr empirisches Wissen, nur ihnen eigen, war das, was sie auszeichnete vor ihren Mitbewerbern, vor allem aber vor ihren Gesellen; zugleich waren sie, die Schöpfer der kunstvollsten Bauwerke, der Tempel Gottes, herausgehoben aus der Reihe profaner Maurer und hatten jede Art von Anfeindung und Mißgunst zu ertragen. Ist es da nicht verständlich, daß eine Baumythe, die den gewaltsamen Tod des Architekten (des Großmeisters) ver- und erklärte, in einer Legende zum immanenten Bestandteil seiner Persönlichkeit und seines Werkes erhoben, das regste Interesse der Baukooperationen erregen mußte?
Viele Dome stürzten ein, mußten mehrmals aufgebaut werden, viele Bauhüttenmeister starben am oder über dem Bau. Das Wissen um die Kunst aber, die königliche Kunst des Bauens, blieb ein den operativen Meistern lange allein vorbehaltenes Geheimnis. Die Erbauer der Gotteshäuser bewegten sich mit ihren Gedanken, künstlerischen Zielen, mit Ideen und Vorstellungen im religiösen Raum, der für sie ausnahmslos der biblische war.
König Salomon, der König von Tyrus und Hiram Abif, der Baumeister, den sich Salomon von dem tyrischen Herrscher für die Errichtung des Tempelbaues erbeten hatte, das sind DIE GROSSEN MEISTER der Baukunst für den operativen Steinmetzen; für denjenigen, der dem himmlischen Jersusalem den neuen Tempel erbaut. Uralte Bausagen erzählten, daß ein Bauwerk nur bestehen könne, wenn ein Menschenopfer dargebracht wird. Diese mythische Ur-Erfahrung nimmt in der Vorstellungswelt zunächst der Werkleute und dann der Freimaurer das biblische Gewand an, wird lokalisiert rund um den Bau des Ersten Tempels. Der einzig vorhandene, den Bauleuten zugängige Bericht von der Erstellung eines Großbaues,

erhalten in Büchern der Bibel, wird ergänzt in jene Richtung, die wir heute als Legende empfinden, die in ihrem Kern, in der dramatischen Tempellegende, das Grundmuster einer grandiosen Tragödie aufweist.
Dem Baumeister wollen Gesellen, die ihre Unreife schon dadurch beweisen, daß sie brutale Gewalt anwenden, das Wissen und die Kunstfertigkeit des Meisters (d.i. das Meisterwort) entreißen, wollen die Preisgabe »des Wortes« mit Todesdrohungen von ihm erzwingen. Niemand aber kann, auf keinem Gebiet, durch Gewaltanwendung Meisterschaft erringen, weder in der Kunst, noch in anderen Bereichen. Die verblendeten Gesellen aber ermorden den »Träger des Geheimnisses«. Die Suche nach der Leiche und ihre Auffindung, die Folgen des Mordes, sind der Inhalt der Legende.
Gestaltet wird hier die Tragödie der kreativen Persönlichkeit. Ihre Weihe und Legitimation erhält die Legende durch ihre Einbettung in biblische, religiöse Erfahrungen.
Peter Francis Lobkowicz bezeichnet die Legende als Mysterium; das ist sein gutes Recht. Die undogmatische Haltung des Freimaurers erlaubt jedoch eine vielfältige Interpretation: Die Hiram-Legende verdeutlicht, wie ich meine, kein außerweltliches, übermenschliches Mysterium, verweist jedoch entschieden auf Transzendenz, sie gehört zu jenen großen Konzeptionen, die Geist und Gefühl des Menschen je geschaffen haben.

Alexander Giese

EINLEITUNG

Freimaurerei kennt kein Dogma; ihre Lehrsätze und Wahrheiten übermittelt sie ihren Anhängern und Schülern durch ein System von Symbolen, welches, aus alter Zeit übernommen, sich der veränderlichen und veränderten Anschauungsweise des jeweiligen Zeitalters anzupassen vermag, da, obgleich die Symbole selbst unveränderlich, ihre Ausdeutungen und Auslegungen sich mit den Ideen der Zeit in Übereinstimmung bringen lassen. Sie ist also kein Lehrsystem, das, wenn auch in den Rahmen unverrückbarer Symbole eingeschlossen, jede Aufnahme von neuen, durch Kultur und Wissenschaften hervorgebrachten Errungenschaften ausschließt; vielmehr ist dieses System so eingerichtet, daß die Erkenntnisse der neuen Zeit, solange sie den Grundsätzen der Freimaurerei nicht widersprechen, von diesem System aufgenommen und eingegliedert werden können. „Freimaurerei ist eine fortschreitende Wissenschaft", sagt schon der älteste englische Katechismus.
Der Zweck dieses eigenartigen Systems ist, dem Freimaurer-Lehrling diese Weisheiten und Pflichten in darstellender Weise einzuschärfen, es ihm aber zu überlassen – und es muß ihm überlassen bleiben – die philosophischen Wahrheiten aus den Symbolen abzuleiten, sie zu verarbeiten und dann selbst auf das praktische Leben zu übertragen.
Es ist allerdings erforderlich, daß zur Aufnahme dieses Samens der Boden in jedem einzelnen Gemüt vorbereitet wird, denn nur auf einem von Natur

aus fruchtbaren Boden können diese Samenkörner der Wahrheit aufgehen und Früchte tragen.
Dem Leser soll nicht mehr vorgelegt werden als eine Anleitung zum Verständnis dieser großen Weisheiten, auf die Freimaurer stolz sind, und wenn möglich, soll ihm geholfen werden, durch eigene Überlegung die Mißverständnisse zu überbrücken, die die Freimaurer noch oft umgeben. Die Symbole, die manchem unverständlich sind und auch Anlaß zu Kritik gegeben haben, sollen durch die Zunftsage und die Legende klarer hervortreten und den Laien in den Gedankengang der alten Urkunden einführen, damit er den Stolz, dem Freimaurerbund anzugehören, richtig deuten kann.

I. DIE ZUNFTSAGE

Bei der Betrachtung des Werdegangs aller alten Völker müssen wir eine vorgeschichtliche und eine geschichtliche Periode unterscheiden. So wenig es in der Naturgeschichte möglich ist, eine genaue Trennungslinie zwischen zwei aufeinanderfolgende Zeiten des Naturbereichs zu ziehen und die höchstentwickelten Formen der Pflanzenwelt von den niedersten Organismen des Tierreiches zu unterscheiden, ebenso wenig läßt sich in der Geschichte der Menschheit der Punkt festlegen, bei dem die vorgeschichtliche Periode aufhört und die geschichtliche Zeit anfängt.

Beim Studium der Geschichte der Freimaurerei stoßen wir auf die gleiche Schwierigkeit. Die vorgeschichtliche Zeit, allgemein die Legende des Bundes genannt, rechnet man von der Entstehung und dem Ausbau der Bruderschaft in weit zurückliegende Zeiten. Aus diesen Zeiten haben wir nur aus sagenhaften Überlieferungen Kunde. Die geschichtliche Periode der Maurerei, eng verbunden mit der Geschichte der Baukunst, beginnt mit der Zeit, aus welcher geschriebene oder gedruckte Urkunden vorhanden sind, auf Grund derer sich ungefähr feststellen läßt, seit wann die Bruderschaft als Zunft organisiert ist.

In die vorgeschichtliche Zeit fallen alle die Mythen, welche die Freimaurerei in enger Verbindung mit den Mysterien der alten Ägypter, mit den gelehrten Schulen der griechischen Philosophen, mit den römischen Collegien, mit der

Religion der Drusen bringen wollen. Die geschichtliche Periode der Freimaurerei zerfällt wiederum in zwei Abschnitte, deren Trennungslinie auf das sogenannte Revival (Wiederaufleben) im Jahre 1717 und der dabei erfolgten Gründung der Großloge in London fällt.
Die Konstitutionen und Gebräuche der „Freien und Angenommenen Maurer" wurden auf Grund in England aufgefundener Schriften und Urkunden erstmals von dem Freimaurer Rev. Anderson ausgearbeitet. Wollen wir nun das richtige Verständnis für die in diesen Gebräuchen, an deren wesentlichen Zügen noch heute festgehalten wird, verhüllt und nur verschleiert vor das Auge tretenden Lehren und Wahrheiten erlangen, dann müssen wir auf jene alten Kunsturkunden zurückgreifen, von denen ca. 30 Originale und etwa 20 Abschriften bekannt sind. Da sie alle in den wesentlichen Punkten übereinstimmen, scheinen sie einen gemeinsamen Ursprung in einem uns verlorenengegangenen Dokument zu haben.
Die Zunftsage, von der die alten Kunsturkunden Bericht geben, bildete für lange Zeit die einzige beglaubigte Geschichte des Bundes. Sie diente den Werkmaurern des Mittelalters wahrscheinlich als Ersatz für eine wirkliche Geschichte der Baukunst, auf die sie im wesentlichen hinausläuft. Der erste Teil dieser Zunftsage enthält viele geschichtliche Ungenauigkeiten, Anachronismen, ja selbst grobe Irrtümer, und dennoch bildet sie ein wertvolles Dokument für den Ursprung und die Entwicklung der freimaurerischen Einrichtungen.
Die älteste dieser Kunsturkunden, in der wir der Zunftsage begegnen, ist das Halliwell-Lied, angeblich aus dem Jahre 1390. Am ausführlichsten und auch in ihren Einzelheiten ziemlich übereinstimmend, lesen wir sie in der Buchanan-Handschrift und in der Dowland-Handschrift; jene ein Original aus der Zeit

von 1660–1680, diese die Abschrift einer alten Urkunde, die James Dowland im Jahre 1815 veröffentlichte und die angeblich (Woodford) aus dem Jahre 1550 stammt. Nach letzterer lautet die Zunftsage:

I. Die Allmacht des Himmlischen Vaters mit der Weisheit Seines glorreichen Sohnes durch die Gnade und Güte des Heiligen Geistes, da drei Personen in Einer Gottheit, sei mit uns bei unserem Beginnen und schenke uns Gnade, uns in diesem sterblichen Leben so zu regieren, daß wir in Sein Himmlisches Reich kommen, welches ist ohne Ende. Amen!

II. Gute Brüder und Gesellen: Unsere Absicht ist, euch nunmehr zu erzählen, wie und auf welche Weise diese ehrenwerte Wisssenschaft der Masoney (Maurerei) angefangen und wie sie nachmals begünstigt wurde von würdigen Königen und Fürsten und manchen anderen ehrwürdigen Männern. Auch wollen wir denen, die es gerne hören, die Verpflichtung erklären, welche jedem wahrhaften Masonen in guter Treue zu bewahren zukommt. Und ihr: habt gut acht darauf; sie ist wohl wert, für eine ehrenwerte Zunft und seltsame Wissenschaft hochgehalten zu werden:
Als da sind sieben freie Wissenschaften, von denen Masoney eine davon ist.
Und die Namen der sieben Wissenschaften sind also:
Zuerst die Grammatik, und sie lehrt uns, aufrichtig zu sprechen und wahrhaft zu schreiben.
Und die zweite ist Rhetorik, und sie lehrt uns, offen zu sprechen in Feinheit des Ausdrucks.
Und die dritte ist Dialektik, und sie lehrt uns, Wahrheit von Falschheit zu unterscheiden und zu erkennen.

Und die vierte ist Arithmetik, und sie lehrt uns, zu erklären und zu rechnen mit aller Art Zahlen.
Und die fünfte ist genannt Geometrie, und sie lehrt uns, die Erde und alle Dinge zu wägen und zu messen; von dieser Wissenschaft ist Masoney genannt.
Und die sechste Wissenschaft ist genannt Musik, und sie belehrt uns über Gesang und der Stimme Wohllaut, über das Spiel der Orgel, der Harfe, der Posaune.
Und die siebente Wissenschaft ist genannt Astronomie, und sie unterrichtet uns über den Lauf von Sonne, Mond und Sterne.
Dies sind die sieben freien Wissenschaften, die alle auf eine Wissenschaft gegründet sind, welche ist Geometrie.

III. Und also möge es euch beweisen, daß alle Kunst der Arbeit gegründet steht auf der Geometrie, denn Geometrie lehrt uns Gewicht und Maß, Wägbarkeit und Schwere aller Dinge auf Erden, denn niemand betreibt eine Kunst, er verwende denn dabei Maß und Gewicht, noch kaufe oder verkaufe er, er kaufe oder verkaufe denn nach einem Maß oder einem Gewicht, und all dies umfaßt Geometrie. Und dieser bedürfen alle Kaufleute und alle Handwerksleute und alle anderen der sieben Wissenschaften, und im besonderen der Ackersmann und Bearbeiter von Grund und Boden, Pflanzer von Wein und Blumen und der Züchter von allerlei Früchten; denn weder Grammatik, noch Rhetorik, noch Astronomie oder eine der anderen sieben Wissenschaften kann keineswegs Gewicht und Maß auf eine Art bestimmen ohne Geometrie. So erhellt Geometrie als ehrenwerteste der Wissenschaften, welche alle anderen ersinnt.

IV. Wie diese würdigen Wissenschaften erstanden: ich will es euch erzählen. In der Zeit vor Noahs Flut lebte ein Mann namens Lamech, wie es geschrieben steht in der Bibel im 4. Kapitel der Genesis; und dieser Lamech hatte zwei Frauen, die eine hieß Ada und die andere hieß Zilla; von seinem ersten Weibe bekam er zwei Söhne, der ältere Jaball, der andere Juball, und von dem andern Weibe hatte er einen Sohn namens Tuball und eine Tochter genannt Naamah. Und diese vier Kinder begründeten den Ursprung aller Wissenschaften auf Erden. Der älteste Sohn Jaball erfand Geometrie und trieb Herden Schafe und Lämmer auf die Weide und errichtete erstmals Häuser aus Stein und Holz. Aber sein Bruder Juball erfand die Kunst der Musik, des Gesangs, der Harfe, des Orgelspiels. Und der dritte Bruder Tuball erfand die Schmiedekunst in Gold, Silber, Kupfer, Eisen und Stahl; und die Tochter Naamah erfand die Kunst der Weberei. Und die Kinder wußten wohl, daß Gott die Sünde heimsucht und rächt mit Feuer und Wasser; so schrieben sie ihre Wissenschaften, die sie erfunden hatten auf zwei Säulen von Stein, damit sie nach Noahs Flut gefunden werden möchten. Der eine Stein war aus Marmor, damit er nicht verbrenne im Feuer; und der andere war aus Ziegel, damit er nicht ertränke im Wasser.

V. Unsere Absicht ist, euch wahrhaft zu erzählen, auf welche Weise diese Säulen wiedergefunden wurden, auf die jene Wissenschaften eingeschrieben waren, durch den großen Hermareimus, den Sohn Kubs, der Sems Sohn war, Noahs Sohn. Dieser Hermareimus war nachmals genannt Hermes, der Vater aller Weisen; er fand eine dieser Steinsäulen und die darauf geschriebenen Wissenschaften und lehrte sie anderen Menschen.

VI. Bei der Erbauung des Turms von Babylon wurde erstmalig von der

Masoney viel Aufhebens gemacht und der König von Babylon, mit Namen Nimrod, war selbst ein Masone und liebte die Wissenschaft sehr, wovon die Geschichtsschreiber Zeugnis geben. Und als die Stadt Niniveh erbaut werden sollte und andere Städte im Osten, da sandte Nimrod, der König von Babylon, 30 Masonen auf Verlangen seines Vetters, des Königs von Niniveh, dorthin. Und als er sie wegsandte, gab er ihnen eine Pflicht folgender Gestalt: „Sie sollten treu sein einer dem andern und sich treulich gegenseitig lieben und ihrem Herrn getreulich dienen für ihren Lohn, so daß der Meister und All die Seinen Ehre gewinnen mögen." Und andere Pflichten gab er ihnen. Es war das erstemal, daß je Masonen eine Pflicht aus ihrer Wissenschaft aufgetragen wurde.

VII. Überdies, als Abraham und Sarah, sein Weib, nach Ägypten kamen, lehrten sie daselbst den Ägyptern die sieben Wissenschaften; und er hatte einen würdigen Schüler, Euclides genannt, und der lernte recht gut und ward ein Meister aller sieben freien Wissenschaften. Und in jenen Tagen begab es sich, daß der Herr und die Stände des Reiches eine große Anzahl von Söhnen bekommen hatten teils von ihren Frauen teils von anderen Weibern, denn jenes Land ist ein heißes Land und reich an Fruchtbarkeit. Und sie konnten kein hinreichendes Auskommen für ihre Kinder finden, worüber viel Sorge herrschte: da berief der König des Landes einen großen Rat und eine Versammlung, um zu erwägen, wie sie ihre Kinder rechtschaffen erziehen könnten; aber sie konnten keinen guten Weg finden. Da riefen sie aus über das ganze Land, daß, wenn es einen Mann gäbe, sie zu belehren, der sollte zu ihnen kommen und er sollte so belohnt werden für seine Arbeit, daß er wohl zufrieden sein würde.

Als dieser Aufruf zu seinen Ohren kam, machte sich jener würdige Diener Euclides auf und sagte zu dem Könige und allen seinen Edlen: wenn ihr mir eure Kinder zur Erziehung geben wollt, um sie in den sieben freien Wissenschaften zu unterrichten, so werden sie würdig als Edelleute leben, unter dieser Bedingung, daß ihr mir und ihnen eine Vollmacht ausstellt, nach welcher ich Gewalt habe, über sie zu herrschen gemäß der Art und Weise, wie die Wissenschaften zu beherrschen sind. Der König und seine Räte bewilligten und besiegelten die Vollmacht. Der würdige Doktor nahm dann bei sich auf jener Herren Söhne und lehrte sie die Wissenschaft der Geometrie praktisch; in Stein zu bilden jede edle Art von Werk gehörig zum Bau von Kirchen, Tempeln, Burgen, Türmen und Schlössern und aller andern Art von Gebäuden; und gab ihnen eine Pflicht in folgender Form:

VIII. Das erste war, daß sie dem König getreu sein sollten und dem Herrn, dem sie zugehörten. Und sie sollten sich untereinander wohl lieben und einer dem andern treu sein. Und sie sollten einer den andern Genosse oder auch Bruder nennen und nicht seinen Diener oder Knecht, noch mit anderen Schimpfnamen. Und sie sollten ihren Lohn verdienen von dem Herrn oder Meister, dem sie dienen. Und sie sollten den Weisesten unter ihnen zum Meister des Werks bestellen und weder aus Liebe, noch wegen hoher Geburt, noch Reichtum noch aus sonstigem Grund dulden, daß ein anderer, welcher geringeres Verständnis habe, Meister über des Herrn Werk sei, wodurch der Herr schlecht bedient wäre und sie in Schande gerieten. Auch sollten sie ihre Werkleiter Meister nennen, solange sie mit ihnen zusammenarbeiten.

IX. Und wegen aller Pflichten ließ er sie einen großen Eid schwören, gebräuchlich zu jener Zeit; und verordnete ihnen billige Löhne, um damit ehrbar leben zu können.

X. Auch daß sie sollten zusammenkommen und sich versammeln einmal in jedem Jahr, wie sie möchten am besten arbeiten, um ihrem Herrn zum Vorteil zu dienen und zu ihrer eigenen Ehre; und um jenen unter ihnen zu strafen, der gegen die Kunst sich verfehlt habe. Und so war hier die Wissenschaft gegründet, und jener ehrwürdige Meister Euclides gab ihr den Namen Geometrie. Aber jetzt ist sie genannt über das ganze Land Masoney.

XI. Lange Zeit nachher, als die Kinder Israels in das Gelobte Land, welches jetzt unter uns das Land Ihrlm genannt wird, gekommen waren, begann König David den Bau des Tempels, den sie Templum Divini nannten, und wir nennen ihn den Tempel von Jerusalem. Und derselbige König David liebte die Masonen wohl und hegte sie sehr und gab ihnen guten Lohn. Und er erteilte ihnen Pflichten und Gebräuche, wie er sie in Ägyptenland gelernt hatte, wie sie von Euclides gegeben waren; und andere Pflichten mehr, wie ihr hernach vernehmen werdet. Und nach dem Tode König David's, Salomon, der war Davids Sohn, vollendete den Tempel, welchen sein Vater begann. Und er sandte nach Masonen in verschiedene Gegenden und in verschiedene Länder, und versammelte sie, so daß er 40000 Steinarbeiter zusammenbrachte, die alle Masonen genannt wurden. Und er las von denselben 3000 aus, welche bestellt wurden zu Meistern und Leitern seines Werkes.

XII. Und überdies war ein König in einem andern Lande, den die Leute Hiram nannten, welcher König Salomo wohl liebte und ihm Bauholz zu seinem Werke gab. Und der hatte einen Sohn, der hieß Aynon, und er war Meister der Geometrie und war Obermeister aller Masonen und war Meister im Gravieren und Schnitzen und in jeder Art von Masoney, die zum Tempel gehörte; und davon zeuget die Bibel in libro Regum im dritten Kapitel.

XIII. Salomo bestätigte sowohl die Pflichten als auch die Gebräuche, welche sein Vater den Masonen gegeben. So war die hehre Kunst der Masoney bestätigt im Lande Jerusalem und vielen andern Königreichen.

XIV. Sinnreiche Zunftleute wanderten umher in unterschiedliche Länder, die einen, um das Handwerk besser und kundiger zu lernen, die andern, um jene zu unterrichten, die nur wenig kundig waren.

XV. Und so geschah es, daß ein kunstreicher Masone, des Name Naymus Grecus war, der an Salomos Tempelbau beschäftigt war, nach Frankreich kam und dort die Kunst der Masoney die Leute in Frankreich lehrte. Und da befand sich einer aus der königlichen Linie von Frankreich, des Namen war Karl Martell; das war ein Mann, der liebte solche Kunst wohl und zog an sich jenen oben genannten Naymus Grecus und lernte von ihm die Kunst und übernahm von ihm die Pflichten und die Gebräuche; und nachmals von Gottes Gnaden wurde er zum König von Frankreich erwählt. Und als er Besitz von seinem Reich genommen hatte, nahm er Masonen an und half Leute zu Masonen machen, die noch keine waren; und er berief sie zur Arbeit und gab ihnen sowohl Pflichten als Gebräuche und guten Lohn, wie er es von andern Masonen gelernt hatte; und er bestätigte ihnen einen Freibrief, von Jahr zu Jahr ihre Versammlung abzuhalten wann sie wollten, und er hielt sie sehr hoch: So kam die Kunst nach Frankreich.

XVI. Während all dieser Zeit befand sich England ohne irgendeine Pflicht der Masoney, bis zu Albans Zeiten. Und um diese Zeit umgab der König von England, der ein Heide war, die Stadt, St. Albans Stadt genannt, mit Mauern. Sankt Albanus war ein edler Ritter und erster Würdenträger im Hofstaat des Königs und hatte Gewalt über das Reich und auch über den Bau der Stadtmauern. Er liebte die Masonen wohl und hegte sie sehr. Er gewährte ihnen recht guten Lohn nach dem Stand des Reiches, denn er gab ihnen 2 Schillinge 6 Pfennige die Woche und 3 Pfennige für ihr täglich Brot. Vor dieser Zeit im ganzen Lande ein Masone erhielt nur einen Pfennig für den Tag und Nahrung, bis St. Alban es erhöhte; und er erwirkte ihnen einen Freibrief vom König, einen allgemeinen Rat zu halten und verlieh ihm den Namen „Versammlung", welcher er selbst beiwohnte; und er half Masonen machen und gab ihnen Pflichten, wie wir nachher hören werden.

XVII. Gar bald nach dem Tode St. Albans wurden von verschiedenen Nationen verschiedene Kriege in das Königreich England getragen, so daß die gute Regel der Masoney bis zur Zeit der Tage des Königs Athelstan gestört ward. Dieser war ein würdiger König von England, und er brachte dieses Land zu guter Ruhe und Frieden und erbaute viele große Werke von Abteien und Städten und viele andere Gebäude, und er liebte die Masonen sehr.

XVIII. Und er hatte einen Sohn, der hieß Edwin, und der liebte die Masonen noch viel mehr als sein Vater; er war ein großer Ausüber der Geometrie, und es zog ihn mächtig hin, sich mit den Masonen zu unterhalten und zu besprechen und von ihnen die Kunst zu erlernen; und nachmals aus Liebe zu den Masonen und zur Kunst ward er zum Masonen gemacht.

XIX. Und er erlangte von dem König, seinem Vater, einen Freibrief und einen Auftrag, jedes Jahr einmal eine Versammlung abzuhalten, wo immer sie wollten innerhalb des Königreiches England, um unter sich selbst ihre Fehler und Übertretungen zu bestrafen, die an der Kunst begangen wurden.

XX. Und er selbst hielt eine Versammlung zu York und machte daselbst Masonen und erteilte ihnen Pflichten und lehrte sie Gebräuche und befahl, daß Ordnung zu wahren sei hiernach und verpflichtete sie, Auftrag und Freibrief zu halten und gab Verordnung, daß selbige von König zu König erneuert werden sollten.

XXI. Und als die Versammlung beisammen war, erließ er einen Aufruf, daß alle alten und jungen Masonen, welche irgendetwas Geschriebenes oder Kunde von den Pflichten und Gebräuchen besäßen, die irgend vorher in diesem Lande oder in irgendeinem anderen gemacht worden, solche sofort vorzeigen sollten. Als dies nachgewiesen worden, fand man einige in französischer und einige in griechischer und einige in englischer und einige in anderen Sprachen; und der Zweck von all denselben ward übereinstimmend befunden.

XXII. Und er hieß ein Buch daraus verfertigen, wie die Kunst erfunden worden. Und er selbst bat und befahl, daß es vorgelesen und erzählt werden solle, wenn irgendein Masone gemacht werden sollte, ehe man ihm seine Pflichten erteile. Und von jenem Tag bis zu dieser Zeit sind die Gebräuche der Masonen in gegenwärtiger Gestalt bewahrt worden, soweit als Menschen sie bestimmen können.

XXIII. Und nach der Hand sind bei verschiedenen Versammlungen gewisse Grundsätze aufgestellt und verordnet worden nach dem besten Dafürhalten von Meistern und Gesellen.

XXIV. Die Art und Weise, den Eid zu leisten bei der Aufnahme als freier Masone: Tunc unus ex Senioribus teneat librum ut illi vel ille ponant vel ponat manus supra librum tunc precepta debeunt legi.

XXV. Jeder Mann, der ein Masone ist, gebe acht wohlweislich auf diese Pflichten, damit, wenn ihr euch schuldig befindet gegen eine derselben, ihr eure Irrtümer gegen Gott berichtiget, denn es besteht große Gefahr jenen, welche meineidig werden auf ein Buch.

XXVI. Diese Pflichten, die ihr empfanget, ihr sollt sie wohl und wahrhaft halten, nicht enthüllen das Geheimnis unserer Loge zu Mann, Weib oder Kind, Stock oder Stein, beweglich oder unbeweglich Ding, so Gott euch helfe und seine heilige Vergeltung.

Soweit die Zunftsage; es schließen sich ihr an eine Reihe allgemeiner und besonderer Pflichten und Verordnungen, die das Handwerk und seine Einrichtungen betreffen.
Aus einem Vergleich mit der Geschichte der Baukunst ergibt sich, daß der Zunftsage geschichtliche Überlieferungen zugrunde liegen. Weder die genaue Zeit ihres Entstehens, noch wann sie von der Bruderschaft angenommen wurde, läßt sich feststellen. Es scheint, daß sie durch Jahrhunderte als wahre Geschichte von der Zunft angenommen war, und wir verkennen ihren Einfluß

nicht, welchen sie bis heute auf die Gestaltung verschiedener Teile des Gebrauchtums ausgeübt hat. Dies verleiht der Zunftsage ein gewisses Gewicht und einen nicht zu unterschätzenden Wert, ungeachtet ihres mehr phantastischen Charakters, denn sie ist tatsächlich eine jener alten Mythen, die sich auf geschichtliche Tatsachen gründen und in denen das Historische das rein Sagenhafte überwiegt.

Prüfen wir sie mit dem Gedanken, daß alles wahr, natürlich und bedeutend ist, wenn wir uns mit ehrerbietigem Sinn in das Wesen alter Kunst und alter Sprache vertiefen; so finden wir in ihr manche geschichtlichen Einzelheiten, die, wenn sie auch der strengen Kritik des Geschichtsforschers nicht standzuhalten vermögen, doch von hoher symbolischer Bedeutung sind. In diesem Geiste soll die Zunftsage gelesen und studiert werden.

Es folgt dann die Erwähnung der sieben freien Künste und Wissenschaften, deren jede einzelne kurz bezeichnet wird und die einen wesentlichen Teil des zweiten Grades bilden, mit der sich jeder Freimaurer, der diesen Grad erreicht hat, besonders beschäftigen muß. Ausführlicher nach den alten Urkunden sind diese sieben freien Künste und Wissenschaften im Katechismus der englischen Großloge behandelt. Die Geometrie ist von den mathematischen Wissenschaften diejenige, welche am meisten mit der Architektur verbunden ist, und unter ihrem Namen muß die ganze Kunst der Freimaurerei verstanden werden. Auch das moderne Ritual hält an der sagenhaften Idee einer engen Verbindung zwischen Geometrie und Maurerei fest und lehrt uns, daß sie die Grundform ist, auf welcher der Aufbau entstand, wie Winkel, Vierecke, Dreiecke und Kreise als auch die Hilfsmittel zur Herstellung dieser Figuren.

Die mittelalterlichen Werkmaurer waren im Besitz von Geheimnissen, die sie

befähigten, überall ihre Bauten nach gleichen Richtlinien erstehen zu lassen und auch zwischen den in den entferntesten Landstrichen sich aufhaltenden Gesellen durch Zeichensprache eine Verbindung aufrecht zu erhalten, die jedes ihrer Mitglieder von jeder auch der geringsten Verbesserung in der Kunst in Kenntnis setzte. Eines jener Geheimnisse war die Symbolik und das andere die Anwendung der geometrischen Grundsätze in der Baukunst.
Die geometrischen Symbole, die sich im Gebrauch der modernen Freimaurerei finden, können als die Überreste der geometrischen Geheimnisse der mittelalterlichen Masonen angesehen werden, von denen uns jedoch leider jede Kenntnis verlorengegangen ist.
Die nun folgende eigentliche Zunftgeschichte beginnt in der Sage mit einer Erzählung von den drei Söhnen Lamechs, denen die Erfindung aller Wissenschaften zugeschrieben wird. Der interessanteste Teil dieses Abschnittes ist wohl die Geschichte der Errichtung der beiden Säulen, auf welche sie ihre Entdeckungen und Erfindungen eingeschrieben hatten, damit nach der zu erwartenden Zerstörung des damals bekannten Erdteils, die von ihnen erlangten Kenntnisse der nachsintflutlichen Menschheit erhalten blieben. Hiervon wird in der Bibel nichts erwähnt, dagegen wird uns in Josephus' „Jüdische Altertümer" darüber berichtet. Durch die Übernahme der Erzählung der vorsintflutlichen Säulen flochten die Masonen einfach einen Mythos in die Zunftsage ein, der bei den Völkern des Altertums allgemein verbreitet war, denn jedes dieser Völker hatte seine Gedächtnissäule. Schon Sesostris, der große ägyptische König und Eroberer (12. und 13. Dynastie), errichtete in allen Ländern, die er unter seine Herrschaft brachte, Säulen zur Erinnerung an seine Siege. Im Polychronikon, einer alten Geschichtsschreibung des Benediktinermönches Ramelph Higden aus dem 14. Jahrhundert, die den Masonen

sehr gut bekannt gewesen zu sein scheint im Hinblick auf die enge Verbindung der Maurer mit dem Benediktiner-Orden, wird erzählt, daß König Zoroaster von Bactria die sieben Künste und Wissenschaften auf 14 Säulen anbringen ließ, wovon sieben aus Erz und sieben aus Ton gemacht waren.

Es folgt die Hermes-Legende. Von Hermes wird berichtet, er habe eine der Säulen Lamechs aufgefunden und die darauf verzeichneten Wissenschaften zur Kenntnis der Menschheit gebracht. Der Name Hermes erlitt die verschiedensten Verstümmelungen in den verschiedenen Handschriften, in welchen er als Hermarynes, Herminerus oder Hermens aufgeführt wird. Aber alles deutet auf den berühmten Hermes Trismegistos hin, den Sohn des Taut oder Toth, der im alten Ägypten als Gottheit verehrt wurde: ihm wurden die Erfindung der Schriftzeichen und aller Wissenschaften sowie die Einführung religiöser Gebräuche zugeschrieben. Die alten Philosophen betrachteten ihn als das Symbol alles Werdens, Gedeihens und der Vollkommenheit menschlichen Wissens. Da die ihm zugeschriebenen Eigenschaften zur Zeit der Verfassung der Zunftsage für reine Wahrheit gehalten wurden, ist es nicht verwunderlich, daß die Masonen ihn für würdig hielten, eine prominente Stellung in ihrer Sage einzunehmen.

Der nächste Abschnitt bezieht sich auf den Turmbau von Babel. Wir wissen aus ihren Schriften, daß die Babylonier und ihre Nachbarn, die Assyrer, im Besitz einer bewundernswerten Literatur waren. Die in den Ruinen Babylons und anderer Orte gefundenen Platten aus gebranntem Ton, mit Keilschrift bedeckt, geben Zeugnis von dem weit vorgeschrittenen allumfassenden Wissen dieser Völker, und somit kleidet die Zunftsage nur eine geschichtliche Tatsache in symbolische Sprache, wenn sie Babylon, zweifellos die Quelle aller semitischen Wissenschaft und Architektur, als den Geburtsort operativer

Maurerei bezeichnet. Im Gegensatz zum heutigen Brauchtum, welches König Salomo als „ersten Großmeister" bezeichnet, überträgt die Zunftsage diesen Titel auf König Nimrod und schreibt ihm die erste Organisierung der Zunftleute in eine Bruderschaft zu. Die Sage hebt besonders hervor, daß es das erste Mal war, daß die Zunft in eine Bruderschaft organisiert wurde und unter einer Konstitution zu arbeiten begann. Da in der Zunftsage Maurerei, Geometrie und Architektur als synonyme Begriffe gebraucht werden, darf es uns auch nicht wundern, daß sie Babylon als die Geburtsstätte und Nimrod als den Gründer dessen, was als Wissenschaft bezeichnet wird, ansieht.
Es ist eine alte Annahme, daß Herrscher auch Beschützer der Bauleute waren, und die mittelalterlichen Masonen waren immer geneigt, jeden berühmten Bauleiter oder Bauherrn als Schirmherrn zu betrachten und ihn in ihre Reihen zu versetzen.
Dann geht die Sage zur Einführung der Maurerei in Ägypten über, und Abraham und Sarah erscheinen als dramatische Persönlichkeiten. Während die Bibel uns Abraham nur als einen gottesfürchtigen Mann schildert, führt ihn uns der Geschichtsschreiber Josephus als eine Persönlichkeit vor, die wegen ihres Wissens in Ägypten hoch geschätzt war. Der Legendenschreiber muß mit den Werken des Josephus vertraut gewesen sein, da er die Erzählung von Abraham oder, wie sie allgemein bezeichnet wird, die Legende von Euclid, in die Zunftsage einführt. Es ist falsch, Euclid als Zeitgenossen Abrahams zu bezeichnen, der ca. 1500 Jahre vor ihm gelebt hat.
Euclid die Erfindung der Maurerei in Ägypten zuzuschreiben, von wo sie nach Indien kam und von dort wieder zu König Salomo, ist ein Anachronismus, da die Schule des großen Rechenkünstlers erst sechs Jahrhunderte nach der Erbauung des Tempels blühte. Als geschichtliche Erzählung ist die Euclid-

Legende nicht zu werten, aber als symbolische Entwicklung gewisser geschichtlicher Tatsachen behält sie ihren Wert. Die Hauptpunkte dieser Legende sind:

1. Geometrie ist der Grundstock der Maurerei.
2. Euclid war der hervorragendste unter den Geometrie-Philosophen.
3. Die esoterische Methode, Geometrie sowie alle anderen Wissenschaften zu lehren, wie sie von den ägyptischen Priestern angewendet wurde, war analog der, mit welcher die mittelalterlichen Masonen ihre Schüler in die geometrischen und architektonischen Geheimnisse einführten bzw. in das Mysterium der Zunft einweihten.

Die Legende symbolisiert die bekannte Tatsache, daß im alten Ägypten eine sehr enge Verbindung der geometrischen Wissenschaften mit dem religiösen System herrschte und daß dieses Religionssystem den ganzen wissenschaftlichen Unterricht umfaßte, der geheim war und nur nach einer Aufnahme oder Einweihung erteilt wurde, und daß darin eine auffallende Wesensgleichheit zwischen dem ägyptischen System und dem der Masonen bestand.
Nun kommt die Legende auf die Erzählung der Einführung der Kunst nach Judäa oder, wie es genannt wird, in das Land der Verheißung. Dort wurde sie hauptsächlich von König Salomo bei der Erbauung des Tempels zur Anwendung gebracht. Die Einzelheiten darüber, wie wir sie im Buch der Könige finden, sind mit ziemlicher historischer Genauigkeit wiedergegeben. Und so kommen wir zur Tempel-Legende, welche sich aus der Zunftsage herausgebildet zu haben scheint, die Legende des dritten Freimaurer-Grades, kurz die Hiram-Legende genannt, die wichtigste, da sie nicht nur die Grundlage des tiefsten Mysteriums der Freimaurerei bildet, sondern auch große symbolische Bedeutung in den höheren Graden der verschiedenen Riten hat.

Bevor wir den Inhalt dieser Legende behandeln und in die Erforschung des wahren mythischen Charakters ihres Helden Hiram eintreten, erscheint es notwendig, über die Bedeutung seines Namens zu sprechen.
Sein wirklicher Name war Khurum oder Khir-om. Khurum ist ein zusammengesetztes Wort. Es kann mit „edel" oder „freigeboren" übersetzt werden, wobei das Wort Khur rein und edel bedeutet. Plutarch erzählt, daß die Perser die Sonne Kuros nannten. Kyrios, Herr im Griechischen, wie Adonai, Herr im Phönizischen und Hebräischen, wurde auf die Sonne angewandt.
Das hebräische Wort khi bedeutet lebendig, und ram drückt aus, daß er erhoben war oder werden wird. Khiram würde daher bedeuten „war zum Leben erhoben worden".
Von dem Wunsche beseelt, den König von Israel bei seinem beabsichtigten Bau des Tempels der Weisheit zu unterstützen, stellt Hiram sich Salomo zur Verfügung als einer der erfahrensten Künstler.
Hiram war vom König von Tyros auserwählt, als gewandter Künstler von ungewöhnlicher Fertigkeit dem König Salomo zu dienen, die Hauptwerke im Tempelinnern auszuführen und die verschiedenen Geräte für den heiligen Dienst herzustellen. Er war ein Meister seiner Kunst. Der Beiname Vater, der ihm gegeben war und wie er von den Maurern verstanden wird, deutet auf die Achtung und Ehrung hin, in der er stand, ein Brauch, der sich nicht nur bei den östlichen Völkern bis auf den heutigen Tag erhalten hat, sondern den wir auch bei uns, besonders in religiösen Gemeinschaften, finden. „Hiram, mein Vater" will sagen „Hiram, mein Ratgeber", und das bedeutet Vorarbeiter oder Baumeister, und dadurch wird die Verleihung dieses Beinamens an Hiram leicht erklärlich und der Handwerksmann Hiram ins richtige Licht gesetzt.

II. DER MYTHOS

Den Ursprung der Legende erblicken wir in dem Bericht über den Bau des Tempels in Jerusalem. Die Geschichte, wie sie in den Büchern der Chronika und der Könige zu finden ist, lautet wie folgt:
Nach dem Tode Davids beschloß sein Sohn Salomo seines Vaters Wunsch, einen Tempel auf dem Berg Moriah zu Ehren Jehovas zu errichten, zu erfüllen. Die Juden waren aber kein Volk von Künstlern, sondern meist Ackerbauern und waren schon zu Davids Zeiten beim Hausbau auf die Hilfe und Mitwirkung der Phönizier angewiesen. Salomo wandte sich daher an seinen Verbündeten Hiram, den König von Tyros, und bat ihn um Stämme aus den Wäldern des Libanon und um Hauer zum Zubereiten derselben, denn, wie er in dem Brief an den tyrischen König schrieb: „Du weißt, daß da niemand unter uns ist, geschickt Bauholz zu hauen wie unter den Sidoniern." König Hiram gab dieser Bitte nach und tauschte die erfahrenen Werkleute aus dem unfruchtbaren Phönizien gegen Öl, Korn und Wein aus dem fruchtbaren Judäa aus. Unter den kunstfertigen Leuten, die der König von Tyros dem König von Jerusalem zur Verfügung stellte, war einer, dessen Erscheinen in Jerusalem der Bitte Salomos entsprach, wie es im zweiten Buch der Chronik im siebenten Vers des zweiten Kapitels lautet: „So sende mir nun einen kundigen Mann zu arbeiten in Gold, Silber, Erz, Eisen, rotem Purpur, Scharlach und blauem Purpur, und der da wisse einzugraben mit den kundigen Leuten,

die bei mir sind in Juda und Jerusalem, welche mein Vater David bestellt hat."
In der Antwort König Hirams auf diese Bitte, sind im dreizehnten und vierzehnten Vers folgende Worte enthalten: „So sende ich nun einen kundigen Mann, der Verstand hat, Hiram, meines Vaters Meister. Der ein Sohn ist eines Weibes aus den Töchtern Dans und sein Vater ein Tyrer gewesen ist, der weiß zu arbeiten an Gold, Silber, Erz, Eisen, Stein, Holz, rotem und blauem Purpur, köstlicher weißer Leinwand und Scharlach und einzugraben allerlei und allerlei künstlich zu machen, was man ihm aufgibt, mit deinen kundigen Leuten und mit den kundigen Leuten meines Herrn David, deines Vaters." Und weiter steht geschrieben: „Und der König Salomo sandte hin und ließ holen Hiram von Tyros, einer Witwe Sohn aus dem Stamme Naphtali, und sein Vater war ein Mann aus Tyros gewesen; der war ein Meister in Erz, voll Weisheit und Verstand und kundig zu arbeiten allerlei Erzwerk. Da er zu König Salomo kam, machte er alle seine Werke."
Dies bildete offenbar den Ursprung der Legende, welche dem maurerischen System einverleibt wurde und bei der Einrichtung der Freimaurerei als der hervorragendste Teil des dritten Grades angenommen wurde. Der Kern dieser Legende ist: beim Tempelbau gab es drei Großmeister: Salomo, König von Israel, Hiram, König von Tyros, und Meister Hiram, der Architekt und Haupterbauer des Tempels.
Die mittelalterlichen Masonen waren wohl vertraut mit der Annahme, daß König Salomo einen Helfer beim Bau des Tempels hatte und daß dieser Meister ihm vom König von Tyros zugesandt worden war; es herrschte jedoch, wie aus den alten Urkunden hervorgeht, Irrtum und Unwissenheit über den biblischen Namen und über die Eigenschaften dieses Mannes.
Im Halliwell-Lied, der ältesten der bekannten maurerischen Kunsturkunden,

wird die Hiram-Legende nicht erwähnt. Zum erstenmal begegnen wir ihr in der Cook-Handschrift, die ein Jahrhundert später erschien, und wir stoßen hier auf den Irrtum, der sich auf die verschiedenste Weise in allen nachfolgenden Urkunden wiederholt. Dieses Manuskript sagt: „Und beim Bau des Tempels zu Salomonis Zeiten, wie es geschrieben ist in der Bibel in libro tertio Regum capitulo quinto, daß Salomo hatte 40.000 Maurer zu seinem Werk. Und des Königs Sohn von Tyros war sein Baumeister." Das Verweisen auf das dritte Buch der Könige entspricht der Einteilung des hebräischen Kanons, in welchem die beiden Bücher Samuels das erste und zweite Buch der Könige genannt werden.

Unser weiteres Interesse soll sich auf den Ursprung des Mythos richten, welcher mit allgemeiner Zustimmung des Bundes angenommen wurde, ob zu Recht oder Unrecht. Die Frage, welcher wir zunächst nähertreten müssen, betrifft nicht den geschichtlichen Wert der Hiram-Legende, wie sie im dritten Grad des freimaurerischen Systems ausgelegt wird, noch ob sie der Bericht eines wirklichen Ereignisses oder mehr eine Allegorie von moralischer Bedeutung ist, noch die Richtigkeit oder Unrichtigkeit der Theorie, welche den Ursprung der Maurerei in den Tempel von Jerusalem verlegt, sondern es handelt sich um einen Versuch zu ergründen, wie es kam, daß die mittelalterlichen Masonen in ihre Zunftsage die Idee einverleiben konnten, daß ein Künstler der Metallbearbeitung, „ein Schmied", der Haupterbauer des Tempels war. Dieser Gedanke muß uns auf dem Weg der Untersuchung leiten.

Von allen Mythen, welche unter den Völkern der Erde bekannt waren, hat kaum ein anderer ein höheres Alter erreicht und eine weitere Verbreitung gefunden, als der vom Schmied, welcher Metalle bearbeitet, Schilder und

Schwerter für Kriegsleute herstellt oder Geschmeide für Königinnen und Edeldamen anfertigte. Solch einen Mythos finden wir sowohl in den Aufzeichnungen der ältesten Religionen, als auch als Volkssagen überliefert in den mittelalterlichen Legenden von den Küsten Skandinaviens bis zu den äußersten Grenzen der lateinischen Welt. Lange vor dieser Zeit wird er in der Mythologie und dem Volksglauben der Assyrer, Inder, Griechen, Römer und Germanen (Wieland der Schmied) gefunden.
Die Freimaurerei hat in ihrer neueren Form sowie in ihren Legenden bei der Aufnahme der Geschichte Hirams seltsamerweise ihre wahre Gestalt, wie sie in den Büchern der Chronik und der Könige dargelegt, geändert und ohne jeden geschichtlichen Grund das biblische Bild eines kunstreichen Schmieds in das eines Baumeisters verwandelt. Daher wird er in der alten Zunftsage ein „Meister der Geometrie und aller Masoney" genannt, und im modernen Ritual wird er zum Erbauer des Tempels gemacht, und in allen Fällen wird ihm die Oberaufsicht über den Tempelbau zugeteilt sowie die Herrschaft über jene Werkleute – die Steinhauer und Maurer –, die an diesem Bau beschäftigt waren.
Diese Legende ihres falschen Gewandes zu entkleiden und Hiram, der eine geschichtliche Persönlichkeit war, in seine richtige Stellung unter die am Tempelbau beschäftigten Werkleute einzureihen, betrifft die freimaurerische Symbolik nicht, von der er einen wesentlichen Bestandteil bildet, weil dabei auf die richtige Rolle hingewiesen wird, die ihm in der alten sowie in der neuen Freimaurerei zugeteilt ist. Die Symbolik bleibt von allen diesen Irrtümern unberührt, weil die symbolische Idee selbst auf der Tatsache beruht, daß es einen Haupterbauer gab. Die Lehre, welche uns die Legende des dritten Grades geben soll, muß unverändert bleiben, mit welchem Helden wir immer

sie identifizieren, denn offenbar stellt sie überhaupt keine individuelle Persönlichkeit vor, sondern vielmehr die Idee eines Mannes, und zwar in abstrakter Form.
Jedoch ist es wichtig, daß die wahren Tatsachen von den mythischen Berichten, die sie einhüllen, ausgeschieden werden. Wir müssen die Schale aufbrechen, um zum Kern zu gelangen. Und außerdem wird es dem System des freimaurerischen Ritualismus eine neue Anziehungskraft verleihen, wenn es uns möglich ist, darin ein Überbleibsel jener ältesten und interessantesten der Mythen, der Legende vom Schmied, nachzuspüren, die überall in den ältesten Formen des religiösen Glaubens im Vordergrund stand.
Bevor wir aber diese Legende vom Schmied in bezug auf die Freimaurerei und besonders auf die Hiram-Legende erörtern, ist es angebracht, in den Charakter der Legende einzudringen, wie diese in den alten Religionen und den mittelalterlichen Mythen bestand. Dann gilt es zu untersuchen, wie diese Legende, in ihrer alten Form der „Legende von Tubal Cain", in der Freimaurerei angenommen, später mit einer anderen Legende von einem Tempelerbauer vermengt wurde.
Wenn wir bis zur ältesten aller Mythologien zurückgehen, welche in den vedischen Hymnen gelehrt wird, finden wir den Feuer-Gott Agni, dessen Feuer beschrieben werden als „leuchtend, mächtig, schrecklich und nicht Vertrauen erweckend". Das Element Feuer, von den Urariern als ein Werkzeug des Guten und Bösen verehrt, wurde später von den Griechen personifiziert; die Veda-Hymnen nannten die beständige Erneuerung der Flamme durch Zugabe den Feuergott Agni, auch Gavishta, den ewig Jungen. Daher bekamen die Griechen ihren Hephaestos, den mächtigen Arbeiter, den unsterblichen Schmied, der die Waffen der Götter schmiedete und auf die Bitte der Thetis

die Armbrust des Achilles verfertigte. Die Römer verdanken ihren arischen Vorfahren die gleiche Idee der Mächtigkeit des Feuers und personifizierten sie in ihrem Vulcanus, ein Name, welcher anscheinend vom Sanskrit Ulka abgeleitet ist, einem Feuerbrand, obgleich eine Lautähnlichkeit manche Etymologisten dazu verführt hat, das lateinische Vulcan von Tubal Cain herzuleiten.
Aus den Fragmenten des Sanchoniathon hören wir von einem phönizischen Helden, namens Chrysor, der nach seinem Tode unter dem Namen Diamichius, d. h. großer Erfinder, göttliche Verehrung genoß infolge seiner Erfindungen aller jener Künste, welche die Griechen ihrem Hephaestos und die Römer ihrem Vulcanus zuschrieben. Bischof Cumberland leitet den Namen Chrysor von dem hebräischen charotz, d. h. Schärfer oder Scharfmacher, ab, eine passende Bezeichnung für einen, der den Gebrauch der Eisenwerkzeuge lehrte. Die lutherische Bibelübersetzung bezeichnet in der Genesis Tubal Cain als „den Meister in allerlei Erz- und Eisenwerk"; in der Septuaginta und in der Vulgata ist er genauer wiedergegeben als „ein Schärfer von jedem Werkzeug in Erz und Eisen". Tubal Cain wird im freimaurerischen Katechismus (York Ritus) abgeleitet von der allgemein angenommenen Etymologie, daß Cain „weltliche Besitztümer" bedeute, und die wahre Symbolik des Namens wird dadurch verwischt. Die richtige Ableitung geht von Kin aus, welches nach Gesenius die besondere Bedeutung „Eisen schmieden" hat, wovon Cain, ein Speer oder eine Lanze, ein Instrument aus geschmiedetem Eisen abgeleitet wurde. Im verwandten Arabisch ist es Kayin. Dieses Wort, schreibt Dr. Goldziher in seinem Werk „Über die Mythologie der Hebräer", welches mit anderen synonymen Handwerksbezeichnungen mehrmals in den sogenannten Nabateanisch-Sinaitischen Inschriften vorkommt, bezeichnet Schmied,

Verfertiger landwirtschaftlicher Geräte, und hat diese Bedeutung in dem arabischen Kayin und dem aramäischen Kinaya beibehalten, während sie im späteren Hebräisch vollständig verloren ging, wahrscheinlich unterdrückt von dem biblischen Versuch, den wirklichen Namen Cain etymologisch von kana, d. h. erreichen, verdienen, abzuleiten. Hieraus folgerten Hemming und Oliver ihren falschen Symbolismus von „weltlichen Besitztümern".
Hephaestos, welcher seine Feuer auf der Insel Lemnos anzündete und mit seinen Cyklopen als Helfer das rotglühende Eisen aushämmerte, war die mediterane Entwicklung vom arischen Feuergott Agni her. „Hephaestos oder Vulcanus", schreibt Diodorus Siculus, „war der erste Gießer von Eisen, Erz, Gold, Silber und allen flüssigen Metallen, und er lehrte die Anwendung des Feuers; daher wurde er von den Alten der Gott der Grobschmiede genannt".
Die Skandinavier brachten bei ihrer Einwanderung in den Kaukasus sowohl Verehrung für das Feuer als auch für die Bearbeitung der Metalle durch seine mächtige Hilfe mit, jedoch keine Ähnlichkeit mit Agni. Sie besaßen aber Loki, der seinen Namen angeblich von dem isländischen logi oder Flamme erhielt. Er war ein böser Geist und versinnbildlichte mehr die zerstörenden als die schaffenden Mächte des Feuers. Indem die Skandinavier, wie alle nordischen Völker, ihre Volkssagen mit ihrer Mythologie vermischten, erfanden sie ihre Legenden von einem gewandten Schmied, unter dessen mächtigen Streichen auf das willige Eisen Schwerter von erstaunlicher Schärfe und Stärke entstanden und durch dessen wunderbare künstlerische Fertigkeit Diademe, Armspangen und Kleinodien von unübertreffbarer Schönheit geformt wurden. Daher finden wir den Mythos von einem hervorragenden Künstler überall, und die Legende vom Schmied wurde das allgemeine Eigen-

tum aller skandinavischen und germanischen Völker, und zwar so eindringlich, daß sie sich bis ins Mittelalter erhielt. Wäre nicht auf diesen Einfluß die hervorragende Stellung, welche die alten Legenden dem Schmiedemeister König Salomos unter dessen Arbeitern zuweisen, zurückzuführen?
Bei den Skandinaviern finden wir die Sage von Voelund, dessen Geschichte im Voelunddarkvitha in der Edda enthalten ist. Voelund war einer von drei Brüdern, Söhne eines Elfenkönigs, also aus übernatürlichem Geschlecht.
Die drei Brüder wanderten nach Ulfdal aus, wo sie drei Walküren heirateten, Jungfrauen göttlichen Ursprungs, Dienerinnen Odins. Nach sieben Jahren kehrten die drei Frauen in ihre Heimat zurück, um die ihnen zugewiesenen Pflichten des Aufsuchens der Schlachtfelder wieder aufzunehmen. Zwei Brüder verfolgten die Spuren ihrer umherirrenden Frauen, Voelund aber blieb in Ulfdal zurück. Er war ein gewandter Arbeiter am Schmiedefeuer und verbrachte seine Zeit mit dem Anfertigen kunstvoller Arbeiten in Gold und Silber, während er in Geduld auf die Rückkehr seines Weibes wartete, wie sie ihm versprochen hatte. Der König Niduth vernahm die Kunde von Voelunds wunderbarer Kunstfertigkeit als Schmied, suchte dessen Werkstätte während seiner Abwesenheit auf und eignete sich heimlich einige der von Voelund angefertigten Kleinodien an, auch das prächtige Schwert, das der Schmied für sich selber angefertigt hatte. Bei seiner Rückkehr wird Voelund von Kriegsleuten des Königs ergriffen und nach dem Schloß geschleppt. Als ihn die Königin sah, wurde sie von seinem wilden Aussehen in solchen Schrecken versetzt, daß sie befahl, ihm die Knieflexen zu durchschneiden. Lahm und der Möglichkeit beraubt, zu entkommen oder Widerstand zu leisten, wurde er auf eine kleine Insel in der Nähe der königlichen Hofhaltung gebracht und gezwungen, Geschmeide für die Königin und ihre Tochter und Waffen

für den König anzufertigen. Wir wollen hier nicht alle Abenteuer aufzählen, die der Schmied während seiner Gefangenschaft zu bestehen hatte. Er fertigte für sich zwei Flügel an, mit deren Hilfe es ihm gelang zu entkommen, nachdem er durch List die Prinzessin entehrt und ihre beiden Brüder erschlagen hatte.

Alle Schmiede werden stets als gelähmt geschildert, wie auch Hephaestos, der beim Sturz aus dem Himmel das Bein brach.

Die Legende eines kunstbegabten und kundigen Schmiedes am Feuer hatte sich in Skandinavien weit im Volke verbreitet und fand in verschiedenen Variationen auch in anderen Ländern Eingang.

So besaßen die alten Germanen die gleiche Legende in frühester Zeit. Bei ihr trägt der Schmied den Namen Wieland; er war der Sohn des Riesen Wade. Minner, ein geschickter Handwerker, lehrte ihn die Schmiedekunst, und die Zwerge vervollkommneten ihn in allen Fertigkeiten an der Esse. Aus freien Stücken begibt er sich zum König Nidung, wo er einen anderen gewandten Schmied mit Namen Amilias antrifft, mit dem er sich im Kampfe mißt und den er mit seinem Schwert Mimung tötet. Wegen dieser Tat wird er vom König gelähmt, worauf die Geschichte ungefähr den gleichen Verlauf nimmt, wie in der skandinavischen Legende.

Unter den Anglo-Sachsen finden wir die Legende wieder, die nicht viel von der ursprünglichen Fassung abweicht. Die Erzählung, in welcher der Held den Namen Weland trägt, ist in einem Gedicht enthalten, von dem leider nur Fragmente übriggeblieben sind. So vertraut wurde das Volk mit der Legende, daß in der Romanze von Beowulf der Panzer des Helden als ein Werk Welands beschrieben wird.

In den alten französischen Chroniken treffen wir oft auf die Geschichte eines

geschickten Schmiedes, wo jedoch der Name mancherlei Änderung erfuhr. In der vom Mönche Johann von Marmontier verfaßten Chronik aus dem 12. Jahrhundert werden die prächtigen Gewänder Geoffroy Plantagenets, des Herzogs der Normandie, beschrieben, unter denen sich ein Schwert, das aus dem königlichen Schatz stammte und weithin berühmt war, befand. Galanus, der gewandteste der Waffenschmiede, verwandte viel Mühe und Arbeit auf seine Ausführung. Die Romanzen der Trouveres und Troubadours des nördlichen und südlichen Frankreichs im 12. und 13. Jahrhundert sind voll von Anklängen an Schwerter von wundervoller Schärfe und Macht, welche Galanus für den König und seine Paladine schmiedete.
Der gemeinsame Ursprung aller dieser Namen, sei es Voelund oder Weland, Wieland oder Galanus, findet sich im isländischen Voelundr, was Schmied bedeutet. Es ist ein Gattungsname, von dem die mythischen Namen abgeleitet wurden.
Es sei auf die merkwürdige Tatsache hingewiesen, daß neben der Legende vom geschickten Schmied im Mittelalter noch eine andere verbreitet war, deren Held König Salomo war. Ihm wird in vielen alten Romanzen und Gedichten eine Kunstfertigkeit zugeschrieben, welche ihn in Wettbewerb mit den anderen berühmten Künstlern bringt. Der künstlerische Ruf Salomos war zu eben dieser Zeit geradezu sprichwörtlich, so daß wir in den Gedichten aus jener Zeit wiederholt auf den Ausdruck „l'uevre Salemon" stoßen, womit jedes Erzeugnis von besonderer künstlerischer Schönheit bezeichnet wird. Wir müssen dabei im Gedächtnis behalten, daß im Mittelalter die Ehrfurcht vor dem Schmied als einem kunstreichen und geschickten Handwerker allmählich durch die Einführung neuer Elemente durch die Kreuzfahrer und Pilger von Osten her auf König Salomo überging, welchem nachgesagt

wurde, daß er gleiche Kunstfertigkeit besaß. Es ist daher nicht befremdend, daß diese Idee in das Gebrauchtum der verschiedenen geheimen Gesellschaften des Mittelalters einverleibt wurde und von der Freimaurerei, zuerst von dem operativen Zweig und später in erweiterter Form von der spekulativen Maurerei, aufgenommenen wurde.
In den Urkunden der spekulativen Maurer finden wir die Zunftsage und in ihr die Erzählung von Tubal Cain als einem Manne, der das Schmiedehandwerk in Gold und Silber, Eisen, Kupfer und Stahl erfand. Nur durch das Vorherrschen der mittelalterlichen Legende vom Schmied Wieland kann der Hinweis auf den Vater der Schmiedekunst in einer Legende, welche ausschließlich der Steinmetzzunft angepaßt sein sollte, erklärt werden. Es gibt keine andere Verbindung zwischen dem Eisenhammer und der Kelle, die aus irgendeinem anderen Grund die Verleihung der Ehre, welche von den Steinmetzen einem Schmied bezeugt wurde, rechtfertigen könnte, so daß mit der Zeit der Name Tubal Cain als ein bedeutendes und wichtiges Wort in das maurerische Ritual aufgenommen und die höchste Stelle bei den sagenhaften Arbeiten am Tempel einem Arbeiter in Gold, Erz und Eisen eingeräumt wurde. Späterhin, als die operative Kunst von der spekulativen Wissenschaft verdrängt wurde, ergänzte letztere die einfache Zunftsage durch die tiefere Tempellegende. In dieser ist der Name jenes Hiram, welchen der König von Tyros mit allen Ehren zum König von Israel sandte, um ihm beim Bau des Tempels behilflich zu sein, zuerst eingeführt unter seiner biblischen Benennung, aber es ist nicht das erste Mal, daß die Brüderschaft mit dieser Persönlichkeit bekanntgemacht wurde. In den älteren Legenden ist seiner bereits erwähnt, stets mit einem anderen Namen, aber immer als König Salomos Meister am Werk.

Zu Beginn des 18. Jahrhunderts, als sich das Wiederaufleben der Freimaurerei ereignete, wurde die allgemein eingewurzelte Vorstellung beibehalten, daß Salomo der erste Maurer am Tempelbau war; aber sein wahrer Name Hiram oder Hiram Abif wird erstmals in einem geschriebenen oder gedruckten Bericht gefunden. Reverend Anderson spricht von seinen künstlerischen Fähigkeiten in übertriebenen Ausdrücken. An einer Stelle nennt er Salomo den vollkommensten Maurer auf Erden und an einer anderen Stelle den Prinzen der Architekten. Diese Charakterschilderung blieb ihm in der Folgezeit, und die ungeschriebene Legende von heute stellt ihn hin als den Haupterbauer des Tempels, den operativen Großmeister, den gewandten Baumeister, durch dessen ausgearbeitete Entwürfe auf dem Reißbrett die Zunft in ihren Arbeiten geleitet und der Bau errichtet wird.
Für die Erforschung der geschichtlichen Wahrheit wird es also noch erforderlich sein, einen Vergleich anzustellen zwischen den Eigenschaften, welche ältere und neuere Legendenschreiber Hiram zuteilen, und der biblischen Erzählung, die bereits angeführt ist. Im ursprünglichen hebräischen Text der Stelle im Buch der Chronika sind die Worte, welche die Profession Hirams bezeichnen, „Khoresch nekkoschet", wörtlich ein Arbeiter in Erz. Die Vulgata, welche die volkstümliche Bearbeitung zu jener Zeit war und aus welcher die Legendenschreiber ihre Kenntnisse der biblischen Geschichte schöpften, übersetzt den Brief König Hirams an König Salomo folgendermaßen: „Daher sandte ich dir einen weisen und sehr kundigen Mann, Hiram, den Handwerker oder Schmied, meinen Vater" (Hiram fabrem patrem meum). Nach der lutherischen Bibelübersetzung wird er beschrieben als „ein Meister in Erz, voll Weisheit, Verstand und Kunst, zu arbeiten allerlei Erzwerk".
Der Irrtum sowohl der Legendenschreiber wie der modernen maurerischen

Schriftsteller, die Hiram als einen Steinmaurer oder Baumeister ansahen, entsprang vermutlich der unrichtigen Übersetzungsweise der Stelle in der Chronika, wo von ihm gesagt wird, „er wisse zu arbeiten an Gold, Silber, Erz, Eisen, Stein und Holz". Die Worte im Original sind: „baabanim vebagnetsim", d. h. in Steinen und Hölzern verschiedener Art. Es soll also heißen, daß er außer seinem Handwerk als Kupferschmied auch das Steinschneiden, Schnitzen und Vergolden verstand. Die Worte im hebräischen Original stehen im Plural, und daher ist die Übersetzung „in Holz und in Stein" unrichtig. Gesenius sagt, daß das Wort „aban" gebraucht wird als Bezeichnung eines besonderen Wertes, um einen Edelstein zu bezeichnen, und der Plural davon, „abanim", bedeutet daher edle Steine; in gleicher Weise bedeutet „gnetz", was im Singular einen Baum bezeichnet, in der Pluralform Werkstoffe aus Holz für irgendeinen Zweck.
Die von Hiram verrichteten Arbeiten sind vollständig aufgezählt in den Büchern der Chronika und der Könige, und es wird ausdrücklich gesagt, daß, als diese Arbeiten getan waren, auch die Aufgabe Hirams erfüllt war. Sie bestand in der Anfertigung der beiden Säulen vor dem Tempel, eines ehernen Altars, eines „gegossenen Meeres", von zwölf Ochsen, zehn Kesseln, zehn goldenen Leuchtern, zehn Tischen, hundert goldenen Bechern, Töpfen und Schaufeln, und die Aufzählung schließt: „also vollendete Hiram die Arbeit, die er dem König Salomo tat am Hause Gottes". Daraus ersehen wir zur Genüge, daß die Arbeiten Hirams die eines Arbeiters in Erz und edlen Steinen waren, im Gravieren und Vergolden, aber nicht die eines Steinmetzen. Er war der Verschönerer, aber nicht der Erbauer des Tempels. Die Stellung, welche er in den Legenden und im Gebrauchtum der Freimaurerei einnimmt, verdankt er nicht irgendeiner Verbindung, die er mit der Baukunst unterhielt und

worüber in der biblischen Erzählung nicht die leiseste Andeutung zu finden ist, sondern, gleich wie Tubal Cain, seinem Geschick, die Macht des Feuers unter seine Gewalt zu bringen und sie zur Herstellung von Arbeiten aus Metall zu benutzen. Die hohe Ehre, welche ihm erwiesen wurde, ist das Ergebnis des Einflusses der im Mittelalter weit verbreiteten Legende vom Schmied, und die Meinung, daß von allen Handwerken die Schmiedekunst die bedeutendste war, wurde unwissentlich von den Masonen beibehalten, als sie in ihrer Tempellegende den kunstgewandten Schmied von Tyros zur höchsten Stelle eines Baumeisters erhoben.
Die hier vorgebrachte Untersuchung soll aber keineswegs der Rolle, welche Hiram in der Symbolik des freimaurerischen dritten Grades zugewiesen ist, irgendwie Abbruch tun. Welches auch sein Beruf gewesen sein mag, hoch in Gunst muß er gestanden haben bei den beiden Königen, bei dem, der ihn sandte, und bei dem, der ihn aufnahm als seinen Meister-Arbeiter, und die Berechtigung seiner Erhebung in allegorischer Weise zu dem hohen Rang, der ihm in der Zunftsage und im modernen Gebrauchtum erteilt wurde, kann als wohlverdient betrachtet werden.
Bei sinnbildlichen Darstellungen ist es erlaubt, nach freiem Ermessen von geschichtlichen Tatsachen und wissenschaftlichen Lehren abzuweichen, und es ist kein Eingriff in das Wesen der Legende, daß ein Arbeiter in Erz in einen Steinarbeiter umgewandelt wird, um einem symbolischen Vorwurf zu genügen. Daher ist dieser berühmte Künstler, sei er nun Schmied oder Maurer, in der Symbolik der Freimaurerei noch immer die Verkörperung der abstrakten Idee eines arbeitenden Mannes am Tempel des Lebens, und die symbolische Lehre seiner Versuchung und seines Schicksals bleibt immer die gleiche.

III. HIRAMS GRÖSSE

Welch gewaltige Macht über die Scharen der Handwerker beim Tempelbau Hiram zugeschrieben wurde, davon gibt uns ein Teil der Legende Aufschluß, welcher in das französische Ritual des dritten Grades verwoben ist und den wir an dieser Stelle erwähnen wollen, jedoch ohne auf die symbolische Bedeutung einzugehen, die bereits in die Hochgrade hinüberreicht.
Der Osten, diese Wiege der Zivilisation, ist auch die Wiege der Legenden und Fabeln. Unter dem leuchtenden azurblauen Himmel, seinen durch die sengenden Strahlen der Sonne verbrannten Wüsten, dieser Erde, welche bei jedem Schritt vor den Augen des geblendeten Wanderers die ungeheuren Ruinen, steinernen Denkmäler verschwundener Welten und erloschener Zivilisationen, erscheinen läßt, in diesem Lande des Lichts und der Sonne blieb die Phantasie der Poeten und Rapsoden unerschöpflich. Sowohl an den heiligen Stätten, wie unter dem Zelt in der Wüste, das sein schützendes Dach über die durchziehenden Stämme breitet, weiß der Erzähler immer seine faszinierten Zuhörer durch seine wundervollen Geschichten zu fesseln.
Der Bau des salomonischen Tempels, eines der Weltwunder seiner Zeit, und der Mythos vom Tode Hirams mußten in der Tat die freimaurerischen Vorfahren bezaubern, von welchen die Überlieferung auf uns kam. Der profanen Erzählung entlehnen wir ein Fragment, in welchem wir die Geschichte und Person unseres Meisters Hiram erwähnt finden.

Zur Zeit seiner größten Machtentfaltung ließ der durch seine Weisheit berühmte König Salomo, Davids Sohn, einen herrlichen Tempel zum Ruhme Jehovas errichten. Der mit dem Bau des Tempels beauftragte Meister hieß Hiram oder Hiram Abi.

Wer war dieser Mann? Woher kam er? Seine Vergangenheit ist in Dunkel gehüllt. Dem König Salomo von dem König von Tyros zugesandt, vermochte diese Persönlichkeit, von ihrem Eintreffen in Jerusalem an allen Achtung und Ehrerbietung einzuflößen. Sein verwegenes Genie erhob ihn über alle anderen Menschen, sein Geist entzog sich dem Verständnis der Zeitgenossen, und ein jeder beugte sich seinem Willen und dem mysteriösen Einfluß dessen, den man den Meister nannte.

Güte und Ernst lagen in seinen Zügen, und seine breite Stirn spiegelte zugleich den Geist des Lichtes und das Genie der Finsternis wider.

Als großer Baumeister und großer Bildhauer hatte Hiram niemals einen anderen Meister gekannt als die Einsamkeit, keine anderen Vorbilder als jene, welche ihm die Wüste unter den unbekannten Ruinen, den kolossalen Statuen der Götter und symbolischen Tiere lieferte – Geister einer entschwundenen Welt und einer zerstörten Menschengemeinschaft.

Seine Macht war groß und reichte weit; er hatte unter seinem Befehl mehr als 300 000 Arbeiter, Menschen aller Länder, aller Sprachen, vom Sanskrit des Himalaya bis zu den rauhen Lauten der wilden Libyer.

Auf ein Zeichen Hirams brach die unzählbare Masse der Arbeiter aus allen Punkten des Horizonts hervor, wie die Wogen des brandenden Meeres, bereit die Dämme zu durchbrechen und Täler und Flußbette zu überschwemmen, die sie nicht aufzunehmen vermochten. So weit das Auge reichte, gleich einem Mosaikbild aus Menschenköpfen, stellten sich die Scharen im Halbkreis

um ihn, bis zum Horizont sich ausdehnend, an Zahl gleich den Sternen am Himmel und dem Sand in der Wüste.
Eines Tages kam eine große Königin, um dem größten König der Erde einen Besuch abzustatten. Um ihr ein Bild von seiner Macht zu geben, wollte Salomo sie die Arbeiten am prächtigen, seines dem Vater der Schöpfung errichteten Baues bewundern lassen. Hiram mußte alle Arbeiter zusammenrufen. Zur festgesetzten Zeit begab sich der Meister an den Tempeleingang und stellte sich auf einem Granitblock am äußeren Tore auf; er warf einen zuversichtlichen Blick auf die Menge, die sich gegen die Mitte des Arbeitsfeldes drängte. Auf ein Zeichen Hirams glätteten sich die Wogen des menschlichen Ozeans und alle wandten sich ihm zu. Der Meister erhob sodann seinen rechten Arm und beschrieb mit der rechten Hand in der Luft eine waagrechte Linie, von deren Mitte er eine senkrechte Linie nach unten zog. Auf dieses Zeichen hin setzte sich der menschliche Ameisenhaufen in Bewegung, als hätte ihn ein Wirbelwind erfaßt. Gruppen bildeten sich, fügten sich zu regelmäßigen, harmonischen Linien zusammen, und die Tausende von Arbeitern, geleitet und geführt von unsichtbaren Oberen, teilten sich in drei Hauptzüge, jeder derselben wieder in drei Kohorten eingeteilt, dicht gedrängt und tief gestaffelt, wo die Meister, die Gesellen und die Lehrlinge marschierten. In der Mitte des Feldes standen die Steinhauer, zur Rechten die Holzarbeiter und zur Linken die Erzgießer.
Hunderttausende kamen heran, die Erde erzitterte unter ihren Schritten; sie kamen näher, gleich hohen Meereswogen, drohend ins Land einzubrechen und es zu überfluten. Keinen Laut, keinen Ruf hörte man, nur das dumpfe Stampfen ihrer Schritte im Takt, ähnlich dem Rollen des entfernten Donners, Vorläufer des Sturmes und des Ungewitters. Würde ein Hauch des Grimmes

über die Köpfe hinwegfegen, diese aufgeregten Fluten würden im Strudel ihrer unwiderstehlichen Macht alles mit sich reißen, was sich ihrem dahinbrausenden Marsche in den Weg stellen wollte.
Vor dieser unbekannten Gefahr, die sich ihrer selbst nicht bewußt war, erbleichte König Salomo; er warf einen scheuen Blick auf das glänzende, aber schwächliche Gefolge von Priestern und Höflingen, die ihn umgaben.
Wird sein Thron von der menschlichen Sturmflut zermalmt werden?
Da streckt Hiram seinen Arm aus, und alles steht still. Die unübersehbare Menge weicht zurück unter dem Zwang der Intelligenz, die sie beherrscht und niederhält.
Ein einziges Zeichen dieser Hand läßt Menschenmassen erscheinen und verschwinden, fragte Salomo sich. Und indem er diese okkulte Macht mit der seinigen vergleicht, überlegt dieser große König, der glaubte, Wissen und Weisheit ganz zu eigen zu haben, daß er soeben etwas Neues erfahren habe, etwas, das er selbst nie gedacht hätte: das Vorhandensein einer der seinigen überlegenen Macht, welcher in der Zukunft, wie er voraussah, vielleicht eine die seinige übersteigende und alles überragende Herrschaft vorbehalten war. Salomo mußte eine neue Macht anerkennen, an welcher er, ohne sie zu ahnen, bisher vorbeigegangen war. Diese Macht war das Volk!

IV. DIE HIRAM-LEGENDE

Fünfzehn Gesellen aus dem Orden der Menatchim, jener höheren Abteilung, der die Beaufsichtigung der Werkleute und Arbeiter, die am Tempelbau beschäftigt waren, oblag, beschlossen, da sie sahen, daß das große Werk seiner Vollendung entgegenging, sie aber noch nicht im Besitz des Meisterwortes und der damit verbundenen Vorrechte gelangt waren, sich die Geheimnisse unter allen Umständen zu verschaffen, und kamen überein, selbst Gewalt anzuwenden, wenn es ihnen sonst nicht gelingen sollte, von Hiram das Wort zu erlangen, um den Meisterlohn zu erhalten.
Kurz vor Ausführung ihrer Verschwörung zogen sich zwölf dieser Gesellen zurück, aber die anderen drei, mit Namen Jubelum, Jubelo und Jubela, von roherer und entschiedener Gemütsart, beschlossen, auf ihrem Vorhaben zu beharren.
Hiram war gewohnt, allabendlich im Tempel dem Höchsten sein Dankopfer darzubringen. Hierauf bauten die drei Gesellen ihren Plan und stellten sich, der eine, Jubela, an den Südeingang, der andere, Jubelo, an den Nordeingang und der dritte, Jubelum, an den Osteingang des Tempels. Hiram betrat, wie gewöhnlich, den Tempel durch das westliche Tor und wollte ihn nach Beendigung seiner Gebete durch das südliche Tor wieder verlassen, wo der erste der Verschwörer, mit einem schweren Senkblei bewaffnet, Aufstellung genommen hatte. Dieser verlangte in herausforderndem Tone von

Hiram das Meisterwort, indem er ihm androhte, daß sein Tod die Folge sein würde.
Bestürzt über ein solches Ansinnen und treu seinem Gelübde antwortete Hiram, daß ohne den Willen und die Zustimmung der beiden anderen Meister er diese Geheimnisse niemandem mitteilen könne; aber er versicherte jenem zugleich, daß Fleiß und Ausdauer es jedem würdigen Gesellen zur rechten Zeit ermöglichen würden, dieser Geheimnisse teilhaftig zu werden. Er selbst jedoch würde lieber den Tod erleiden, als das Meisterwort auf ungehörige Weise zu enthüllen.
Unbefriedigt von dieser Antwort schlug der Angreifer mit seiner Waffe nach Hirams Haupt; sie glitt jedoch an seiner rechten Schläfe ab; der Stoß warf ihn aber doch aufs linke Knie nieder. Da der Schlag nicht stark genug war, um ihn ganz zu Boden zu werfen, erholte sich Hiram rasch wieder und suchte Rettung durch das nördliche Tor. Hier traf er auf den zweiten Verschwörer, der sich mit einer schweren Wasserwaage bewaffnet hatte und an Hiram die gleiche Forderung richtete, wie der erste Geselle. Hiram jedoch zu gewissenhaft, um diesem Verlangen zu willfahren, gab dem zweiten Schurken mit unverminderter Festigkeit die gleiche Antwort, worauf ihm jener mit seiner Waffe einen heftigen Schlag auf den Kopf versetzte, wodurch unser Meister, obgleich das Werkzeug an seiner linken Schläfe abgeglitten war, auf das rechte Knie niederfiel.
Da ihm ein Entkommen nach diesen beiden Richtungen abgeschnitten war, raffte sich Hiram auf und wankte matt und blutend zum östlichen Tor des Tempels, wo er auf den dritten der Verschwörer stieß. Nachdem dieser die gleiche Forderung an den Meister gerichtet hatte, Hiram sich aber auch jetzt noch weigerte – denn selbst in diesem gefahrvollen Augenblick blieb

seine Standhaftigkeit unerschüttert – das Wort zu verraten, vollendete der Geselle den Mord, indem er mit einem schweren Setzhammer Hiram vor die Stirne schlug, so daß dieser sofort entseelt zu Boden sank.
Weil es aber noch nicht finster war, konnten die drei Mordgesellen die Leiche nicht sogleich fortschaffen; sie verbargen sie einstweilen in einem Brunnen im Tempelhof, trugen sie nach Eintritt der Dunkelheit hinaus und begruben sie auf einem Hügel.
Ein solch schwerer Verlust, wie der des Hauptarchitekten, mußte sich bald und ernstlich fühlbar machen. Das Ausbleiben der Pläne und Zeichnungen, die bislang regelmäßig allen Abteilungen des Werkes zugeteilt worden waren, erregte die Besorgnis unter den Meistern am Werk, daß Hiram ein ernster Unfall begegnet sei. Nach sieben Tagen teilten sie ihre Befürchtungen dem König Salomo mit, der sofort den Bau unterbrechen ließ und schwor, daß niemand seinen Lohn erhalten solle, solange der große Mann, tot oder lebend, nicht gefunden sein würde. Auch befahl er neun Meistern, die Suche nach Hiram aufzunehmen. Diese neun versammelten sich je drei an der östlichen, südlichen und nördlichen Tür des Tempels. Nachdem ihr Bemühen, Hiram im Tempel zu finden, vergebens war, zogen sie aus, den Meister zu suchen, und eine geheime Ahnung führte sie am Abend eines bestimmten Tages an den Fuß des Hügels, auf dessen Gipfel Hiram tatsächlich begraben war.
Die drei ersten unter diesen Meistern, namens Stolkin, Mahabon und Macbenac, gewahrten dort oben den Schein eines besonderen Lichtes, was sie veranlaßte, den Hügel zu ersteigen. Da sie tagsüber viele Anstrengungen und Entbehrungen zu erdulden gehabt hatten, ließen sie sich zum Ausruhen auf dem Boden nieder. Einer der Meister, Stolkin, der sich hingelegt hatte, ergriff, um wieder aufzustehen, den Zweig eines Akazienstrauches, der neben

ihm stand; beim Versuch, sich daran aufzurichten, hob sich der Strauch zu seiner Überraschung leicht aus dem Boden. Bei genauerer Untersuchung fand er, daß die Erde vor kurzem aufgewühlt worden war; er rief seine beiden Brüder herbei, und sie untersuchten gemeinsam das Erdreich. Als sie den Boden aufgegraben hatten, fanden sie Hirams Leiche höchst unwürdig bestattet, worauf sie den übrigen Meistern ein Zeichen gaben, heraufzukommen, die dann alle ihren ehrwürdigen Meister erkannten. Sie schöpften Verdacht, daß einer der Gesellen Hiram habe zwingen wollen, das Meisterwort zu verraten, und daß er aus diesem Grunde ermordet worden sei. In Besorgnis, daß er den Drohungen nachgegeben und in der Todesangst die Zeichen und das Meisterwort genannt habe, beschlossen sie, diese zu verändern und an deren Stelle die Zeichen, welche bei der Ausgrabung der Leiche gemacht wurden, und das Wort, welches einer unter ihnen dabei aussprechen würde, zu setzen.

Da sie aber von ihrem Fund und ihrem Vorhaben König Salomo erst unterrichten wollten, warfen sie die Erde wieder zu und steckten, um den Ort leichter wiederzufinden, einen Akazienzweig an das Kopfende des Grabes, worauf sie nach Jerusalem zurückeilten. Sie erstatteten König Salomo Bericht, und dieser befahl zum Zeichen der Liebe, die er für Hiram gehegt hatte, daß sofort siebenundzwanzig Meister die Leiche aufheben und nach dem Tempel bringen sollten. Auch billigte er den Beschluß, das Meisterwort und die Meisterzeichen zu ändern.

Die neun Meister, welche vorher den verehrten Meister aufzusuchen ausgezogen waren, gingen voran, um den Weg zu zeigen. Als sie nun bei Vollmitternacht die Erde von der Leiche entfernt hatten und die Meister, welche in tiefer Ergriffenheit das Grab umstanden und zur Bezeichnung der Trauer die rechte Hand unter die rechte Wange und die linke Hand unter den rechten Ellenbogen gelegt hatten, die Leiche Hirams erkannten, schlugen sie in heftigem Schmerz dreimal an die Stirne, und als sie noch den eingetrockneten Schweiß und das Blut am Kopfe des Verblichenen kleben sahen, da strichen sie sich mit der rechten Hand über die Stirne, als wollten sie das Blut und den Schweiß davon abwischen, der Hiram bei seinem letzten Gang aus dem Tempel auf der Stirn gestanden hatte. Nun trat einer der Meister vor und versuchte, den Körper aufzuheben, indem er ihn beim Zeigefinger ergriff, aber das Fleisch löste sich vom Knochen und blieb in seiner Hand zurück. Der zweite Meister faßte ihn dann am Mittelfinger, jedoch mit dem gleichen Mißerfolg. Hierauf trat der dritte vor, Stolkin, ergriff die volle Hand des Toten und erhob ihn unter dem Beistand der beiden anderen an den fünf vollkommenen Punkten der Meisterschaft; aber auch dabei löste sich das Fleisch von den Knochen, worauf die Meister ausriefen: M . . . n, M . . . c. Sodann betteten sie den teuren Leichnam auf eine bereitstehende mit Purpur behangene Bahre und brachten ihn nach Jerusalem.

Den neun Meistern, welche Hirams Leiche aufgefunden hatten, hatte Salomo noch achtzehn Meister zum Beistand gegeben und ihnen befohlen, die Ankunft der neun Meister, die den Leichnam nach dem Tempel tragen sollten, durch das Geläute der Glocken, mit denen er sie hatte versehen lassen, anzuzeigen.

Alle waren mit Leuchten versehen, als bei finsterer Vollmitternacht die Überführung der Leiche stattfand.

Als Salomo berichtet wurde, daß Hirams sterbliche Reste eingebracht waren, war er glücklich in dem armseligen Trost, seine Überreste zu sehen. Er begab sich in den Tempel und beschloß, den Verlust seines erlauchten Architekten

und erhabenen Großmeisters durch die Anstellung von sieben Experten zu ersetzen, unter welchen die Arbeiten verteilt werden sollten, die bisher in den Händen des einen großen Genies lagen. An erster Stelle berief er Adoniram, den Sohn Abdas, welcher der Aufseher über die Arbeiter am Berge Libanon gewesen war und nun zum ersten Großinspektor des Baues ernannt wurde. Zum zweiten Großinspektor ernannte Salomo Stolkin.
Sodann gab Salomo seinem ersten Großinspektor Adoniram genaue Anweisung, die Beisetzungsfeierlichkeiten mit großer Pracht vorzubereiten, und befahl, daß alle Brüder in weißem Schurz zugegen sein sollten. Den siebenundzwanzig Meistern gab er als Belohnung ein gleichseitiges silbernes Dreieck mit einem Totenkopf darin und gestattete ihnen, jederzeit zu ihm zu kommen.
Adoniram entwarf bald einen Plan für ein stattliches Denkmal aus weißem und schwarzem Marmor, welcher in neun Tagen ausgeführt wurde. Das Herz Hirams wurde in eine goldene Urne eingeschlossen und während neun Tagen auf der dritten Stufe der Treppe zum Allerheiligsten ausgestellt.
Die Brüder kamen, um ihrem Schmerz Ausdruck zu verleihen, indem sie auf der ersten Stufe zum Sanktum Sanktorum niederknieten. Der Obelisk war dreieckig, auf jeder der drei Seiten lag ein rauher Stein; um ihn herum standen sechzehn Säulen, und das Ganze war mit einem Geländer eingefaßt.
Als nach Verlauf von neun Tagen das Denkmal fertig war, wurde die Urne mit ihrem Inhalt auf seine Spitze gestellt und mit einem Kranz von Lorbeer- und Olivenzweigen geschmückt. Sie stand auf einem dreieckigen Marmorstein, auf welchem in hebräischen Zeichen die Buchstaben J B M eingemeißelt waren. Der Obelisk war an der Westseite des Tempels ein wenig nördlich des westlichen Tores aufgestellt, um den Platz zu bezeichnen, wo die Mörder

zuerst den Leichnam in einem Brunnen versteckt hatten, bevor sie ihn an die Stelle trugen, wo ihn Stolkin unter der Akazie gefunden hatte. Der Leichnam unseres ehrwürdigen Meisters aber wurde mit großer Pracht in einem Gewölbe unter dem Kapitelraum, der in einiger Entfernung vom Tempel errichtet war und zu dem ein gewölbter Eingang unter der Erde an der Nordseite des Tempels führte, gerade unter dem Thronsitz beigesetzt.
Hiermit ist die eigentliche Hiram-Legende beendet. Den Leser dürfte aber doch interessieren, in welcher Weise die Tempellegende, die sich vom ersten Grad bis hinauf in die Hochgrade durch das Lehrgebäude der Freimaurerei zieht, zu einem Abschluß gelangt, und auf welche Weise der feige Mord an Meister Hiram seine gerechte Sühne fand, und wie die Arbeiten am Tempel, welche der eine der drei Großmeister leitete und dessen Arbeitskraft nun auf immer vernichtet war, ihrer Vollendung entgegengingen.
Da es sich als notwendig erwies, Zucht und Ordnung unter der großen Anzahl Werkleute, die ein so großer Geist wie Hiram allein zu beherrschen wußte, aufrecht zu erhalten, ernannte König Salomo Tito, Adoniram und dessen Vater Abda zu Profossen und Richtern. Tito war der älteste unter ihnen und erhielt den Titel Prinz der Harodim, d. h. Oberster der 300 Architekten, welche die Harodim waren, die ersten unter den Bauleuten, die mit den 3300 Menatschim, die im Buche der Chronika erwähnt werden, die Zahl 3600 ausmachen, wie im 1. Buch der Könige berichtet wird. Es war die besondere Pflicht eines Profossen und Richters, alle Differenzen und Streitigkeiten, die unter den Werkleuten entstanden, zu schlichten. Sie waren mit einem goldenen Schlüssel versehen, welcher den Kasten aus Ebenholz versperrte, der die Baupläne enthielt.
Hierauf ging Salomo mit sich zu Rate, wie er den unermeßlichen Verlust

ersetzen sollte, welchen er durch die verräterische Ermordung seines unvergeßlichen Meisters Hiram erlitten hatte. Ihm allein war die Ausschmückung der Geheimen Kammer anvertraut worden, wo alles, was den Israeliten teuer und ehrwürdig war, niedergelegt werden sollte: die Bundeslade, die die Gegenwart und den Schutz des Allmächtigen sichern sollte. Kaum hatte Hiram das wichtige Werk in Angriff genommen, als er durch die scheußliche und niederträchtige Verschwörung hinweggerafft wurde, wodurch das Wort verlorenging. Da berief Salomo Tito, den Prinzen der Harodim, zu sich und fragte ihn um Rat, wie dieser Verlust zu ersetzen sei, denn die feineren Arbeiten der Inneren Kammer waren unvollendet geblieben und im Heiligtum alles in Verwirrung. Tito gab seine Meinung dahin kund, daß der einzige freie Weg der sei, für jeden der fünf Orden der Baukunst einen Leiter zu bestellen, die vereint sich gegenseitig jede Hilfe leisten müßten, die in ihrer Macht stände, um die mittlere Kammer zu vollenden und das Wort wiederzufinden.
Salomo billigte diesen Vorschlag und ernannte aus der Zahl der Harodim fünf Brüder, welche „tot für Sünde und Laster", aber „lebendig für Tugend und Wahrheit" waren, zu Intendanten des Baues.
Nachdem durch diese Anordnung Salomo die Weiterführung und Vollendung des Tempelbaues als gesichert erachtete, war es sein Wunsch, den Aufenthaltsort der drei Mörder ausfindig zu machen, um sie der gerechten Strafe zu übergeben. Nachdem die Bestattungsfeierlichkeiten des berühmten Mannes mit großer Pracht begangen waren, beschloß Salomo, öffentlich Genugtuung an den Urhebern des scheußlichen Verbrechens zu nehmen und sie den Manen seines verstorbenen Freundes zu opfern. Er ließ eine Bekanntmachung veröffentlichen, in welcher er jedem eine beträchtliche Belohnung versprach,

welcher den Platz ausfindig machen würde, wo sich die Schurken verborgen hielten, und erklärte gleichzeitig, daß er selbst dem Mörder verzeihen wollte, vorausgesetzt, daß er vor ihm erscheine und seine Schuld bekenne; aber er müsse seine Mitverschworenen angeben, auf daß sie der verdienten Strafe ausgeliefert und somit das größte Verbrechen gesühnt werden könnte.
Diese Bekanntmachung war seit geraumer Zeit ausgegeben, ohne daß irgendeine Mitteilung über die Mörder einging. Eines Tages jedoch, als Salomo in seiner Halle saß und mehr als neunzig Meistern und anderen Beamten des Ordens Audienz erteilte, trat Zerbal, der Kapitän der Leibwache, ein und berichtete, daß ein Fremder ganz allein zum König zugelassen zu werden wünsche, da er etwas von größter Wichtigkeit mitzuteilen hätte.
Die Brüder des Ordens waren bestürzt über die Bereitwilligkeit, mit welcher der König dieser geheimen Unterredung zustimmte, aus Furcht vor einer seiner geweihten Person drohenden Gefahr. Die Besprechung war nur von kurzer Dauer, und des Königs schnelle Rückkehr verscheuchte die Befürchtung der Brüder. Salomo teilte ihnen mit, daß dieser „Unbekannte" mit dem Zufluchtsort eines der Mörder Hirams bekannt war und daß er sich erboten hätte, jene dorthin zu führen, welche ihn begleiten wollten, um sich von der Wahrheit seiner Angaben zu überzeugen. Alle Brüder erhoben sich und boten dem König ihre Dienste an. Der König freute sich über ihren Eifer, erklärte aber, daß bei einer so großen Anzahl vortrefflicher Männer das Los entscheiden müsse, wer die Ehre haben sollte, mit dieser wichtigen Angelegenheit betraut zu werden, den scheußlichen Verbrecher herbeizubringen, an welchem er Rache nehmen wolle. Folglich wurden die Namen aller anwesenden Brüder, Intendanten des Baues, in einen Kasten gelegt, und Salomo erklärte, daß die neun, deren Namen zuerst gezogen würden, jene

Brüder sein sollten, dem Unbekannten zu folgen und den Verräter lebendig herbeizubringen, um an ihm ein Beispiel für die spätere Nachwelt zu statuieren.
Die Lose wurden gezogen, und Freude erschien auf den Gesichtern der neun Auserwählten, deren Namen herauskamen. Sie erhielten vom König die Anweisung, dem Unbekannten zu folgen, welcher sie zur Höhle führen sollte, die der Schurke seit der Zeit seines Verbrechens sich als Aufenthaltsort gewählt hatte. Sie gehorchten dem Befehl und zogen aus; aber einer der neun, Joabert mit Namen, der Günstling des Königs, von ungewöhnlichem Eifer beseelt, der glaubte, seine Brüder gingen zu langsam, lief ihnen voraus. Da gewahrte er einen Hund, welcher aus einem Quellablauf soff und bei der Annäherung Joaberts sofort in einer Felsspalte verschwand. So gelangte dieser als erster zur Höhle, dem Asyl des Mörders, welche hinter einem Busch lag, der zu brennen schien. Ein Stern, der die Brüder geleitet hatte, schien über dieser Stelle still zu stehen.
Joabert, von Rache erfüllt, betrat die Höhle und gewahrte beim Schein einer darin hängenden Lampe den Schurken, fest eingeschlafen auf dem Rücken liegen; ein Dolch lag zu seinen Füßen; Joabert ergriff den Dolch und stieß ihn mit aller Gewalt zuerst in das Haupt und dann in das Herz des Mörders, der in seiner Wut aufsprang, das Wort Nekam, d. h. Rache, ausrief und hierauf tot zusammenbrach. Es war Jubelum (auch Akirop oder Abiram genannt), welcher Hiram mit dem Setzhammer am Osttor erschlagen hatte. Joabert trennte das Haupt vom Körper, stillte dann seinen Durst an der Quelle in der Höhle und wurde von seinen Brüdern eingeholt, denen er gerade entgegengehen wollte. Als sie das Haupt des Mörders in seiner Hand erblickten, machten sie ihm Vorhaltungen, daß er durch seinen Übereifer

einen Fehler begangen habe, und daß er dadurch, daß er dem Leben des Schurken ein Ende setzte, ihn vor der Strafe bewahrt habe, die Salomo ihm zugedacht hatte. Sie versicherten ihm, daß der König diesen Akt des Ungehorsams nicht unbemerkt lassen, ihn vielmehr dafür zur Rechenschaft ziehen werde. Aber sie versprachen ihm, sich immerhin beim König für ihn verwenden zu wollen, um Gnade zu erlangen. Nachdem sie alle ihren Durst an der Quelle gestillt hatten, nahm Joabert das Haupt wieder auf, und sie gingen nach Jerusalem zurück. Als Salomo sie kommen sah, gab er Befehl zur Vollziehung der beabsichtigten Bestrafung des Mörders; sobald er aber Abirams Haupt in Joaberts Hand erblickte, konnte er seinen Zorn nicht zurückhalten. Er gab sofort Stolkin den Befehl, Joabert zu töten, den jener auch ausgeführt haben würde, wenn sich nicht alle Brüder vor Salomo auf die Knie geworfen und um Gnade gefleht hätten. Darauf verzieh Salomo dem Übereifrigen. Das Haupt des Mörders Jubelum wurde am Osttor ausgestellt, am Orte seines Verbrechens, als warnendes Beispiel.
Sechs Monate nach dem Tode Jubelums stellte Bengaber, Salomos Intendant im Lande Chet, Nachforschungen an, weil er vernommen hatte, daß die beiden anderen Mörder, Jubela und Jubelo, sich in dieses Land geflüchtet hatten, da sie sich dort sicher wähnten. Als Salomo davon erfuhr, schrieb er sofort an den König Maacha von Chet, welcher ihm tributpflichtig war, mit dem Verlangen, die beiden Schurken den Leuten, welche er hinsenden wolle, auszuliefern, damit sie in Jerusalem die für ihr Verbrechen verdiente Strafe erhalten könnten.
Zu diesem Zweck erwählte Salomo fünfzehn unter den würdigen Brüdern und eifrigen Meistern aus, in welcher Zahl die neun einbegriffen waren, die zur Höhle Akirops kamen. Sie begannen ihre Reise am 15. Tage des Monats

Tamoaz, welcher unserem Monat Juni entspricht, kamen am 28. Tage des gleichen Monats im Lande Chet an und übergaben Salomos Brief dem König Maacha, der bei dieser Nachricht erschrak und sofort eine genaue Suche nach den beiden Schurken befahl und verordnete, daß, wenn sie gefunden, den Israeliten ausgeliefert würden. Er fügte hinzu, daß er sich glücklich fühle, dem König Salomo einen Dienst erweisen zu können und sein Land bald von solchen Ungeheuern befreit zu sehen.

Fünf Tage lang wurde eifrig nachgeforscht, als Zerbal und Elignam die beiden Mörder in den Steinbrüchen Bendekars, eines der Intendanten Salomos, ausfindig machten, wo sie sich der Sicherheit wegen als Arbeiter aufhielten. Sie wurden aneinander gekettet und in Eisen geschlossen; ihre Ketten waren aus Stäben und Vierecken zusammengesetzt, auf denen ihr Verbrechen eingegraben war, damit sie ihr nahendes Verhängnis vor Augen haben sollten.

Am 15. Tage des folgenden Montas kamen die fünfzehn Gesandten mit den beiden Mördern wieder in Jerusalem an, und nachdem diese Salomo vorgeführt worden waren, der ihnen die größten Vorwürfe über ihre schwere Tat machte, wurden sie im Turme des Achizar eingekerkert bis zum Tage ihrer Hinrichtung. Das Haupt Jubelas wurde am Südtor, das des Jubelo am Westtor ausgestellt, während das Haupt Jubelums bereits vorher am Osttor angebracht worden war; jeder an der Stätte seines Verbrechens.

Die Belohnung für den Eifer und die Treue der von König Salomo Auserwählten, die sie bei der Verfolgung und Aufdeckung der Mörder bewiesen hatten, blieb nicht aus. Sie wurden zu Großmeistern Architekten ernannt, unter deren gemeinsamer Leitung der Tempelbau nach einer Bauzeit von sieben Jahren seiner Vollendung entgegenging.

Als nun der Tempel in seiner Pracht vollendet war und das Gerücht von seiner Großartigkeit sich über alle Lande verbreitet hatte, kamen aus allen benachbarten Ländern Gesandtschaften herbei, um Salomo zu dem herrlichen Bau zu beglückwünschen, reiche Geschenke darzubringen und bei der Einweihung zugegen zu sein. Aber die Königin von Saba begnügte sich nicht, eine Gesandtschaft nach Jerusalem zu schicken, sondern machte sich in eigener Person auf, um den Feierlichkeiten der Einweihung beizuwohnen und bei dieser Gelegenheit Salomos Weisheit, von der die damalige Welt erfüllt war, kennenzulernen. Am festgesetzten Tag begab sich die Königin, umgeben von einem zahlreichen und glänzenden Gefolge, zum Tempel, wo sie von Salomo am Eingang erwartet wurde. Da bemerkte Salomo seinen Großmeister Adoniram bescheiden an der Seite stehen, und da er ihn der Königin vorstellen wollte, winkte er ihn zu sich heran. Sei es nun aus Bescheidenheit oder daß er den Wink Salomos mißverstand, Adoniram zögerte und Salomo winkte ihm noch zweimal zu, worauf sich Adoniram dem König und der Königin näherte und sich in Gehorsam auf das Knie niederlassen wollte. Salomo jedoch ergriff seine rechte Hand und hinderte ihn am Niederknien, indem er ihn mit einem besonderen Griff zu sich heranzog und ihn damit zum Großen Auserwählten und Vollkommenen Meister machte.
Damit findet die Tempellegende ihren Abschluß.

V. DIE SYMBOLIK

Bei der Erforschung der richtigen Bedeutung jedes maurerischen Symbols und jeder maurerischen Allegorie müssen wir uns von dem einzigen Grundsatz leiten lassen, daß das zu erstrebende Ziel der Freimaurerei als einer spekulativen Wissenschaft die Erforschung göttlicher Wahrheit ist; alles andere sind nur Hilfsmittel zur Erreichung dieses großen Zweckes. Der Freimaurer ist vom Augenblick seiner Aufnahme an bis zur Zeit, da er in den vollen Genuß des wahren Lichtes tritt, ein Forschender, ein Suchender, ein Arbeiter im Steinbruch wie am Tempel, dessen Lohn die Wahrheit ist. Alle Zeremonien und Überlieferungen des Bundes weisen auf dieses Ziel hin.
Ist es nötig, nach Licht zu fragen?
Es ist das geistige Licht der Weisheit und Wahrheit.
Gibt es den Verlust einer Verheißung?
Der Verlust ist bildlich für menschliches Fehlen, für die Gebrechlichkeit menschlicher Natur, göttliche Wahrheit zu entschleiern.
Gibt es einen Ersatz für diesen Verlust?
Dies ist ein Sinnbild, das uns lehren soll, daß der Mensch auf Erden nur annähernd zur vollen Empfängnis der Wahrheit kommt.
Der eigentliche Unterricht in der Allegorie des zweiten, des Gesellengrades, besteht in der Belehrung des Wahrheitsuchers, daß die intellektuellen Fähigkeiten gebildet und veredelt werden durch regelmäßiges Studium in

den freien Künsten und Wissenschaften. Im Lehrlingsgrad, dem ersten, wird der Suchende in den sittlichen und wesentlichen Grundlagen unterwiesen, die so überaus notwendig sind zur richtigen und von ihm geforderten Erfüllung seiner verschiedenen Lebenspflichten: gegen Gott, seinen Nächsten und gegen sich selbst. Jede spekulative oder freie Maurerei muß notwendigerweise philosophisch sein. Niemand kann ohne Kenntnis der freien Künste und Wissenschaften ein Freimaurer im wahren Sinne des Wortes sein.
Die Legenden der Königlichen Kunst werden zum größten Teil aufgebaut auf Begebenheiten, welche sich beim Bau des Tempels zu Jerusalem durch König Salomo zugetragen haben sollen; dadurch wird der Tempel selbst zum Symbol. Spekulative Philosophie gab es schon vor der Erbauung des Tempels durch jüdische und tyrische Handwerker. Wir dürfen annehmen, daß bei der Ausarbeitung des Gebrauchtums der drei Grade der Freimaurerei die Autoren den Tempel und seine Erbauung absichtlich als Symbol beibehalten und zugrundegelegt haben, um hierdurch den Unterricht in moralischen Grundsätzen, die den Grundstein der Freimaurerei bilden, dem Aufgenommenen zu erteilen. Aus diesem Geist der im freimaurerischen Katechismus erteilten Lehren ergibt sich, daß bei ihrer Formulierung die christliche Weltanschauung und die christliche Sittenlehre zum Vorbild genommen wurde.
Der erste Teil des dritten Grades, wie überhaupt der erste Teil jedes der drei Grade, bildet die Zeremonie der Einführung. Sobald der Suchende verpflichtet ist, ist er im wesentlichen ein Maurer des betreffenden Grades und als solcher berechtigt, aller Geheimnisse und Mysterien dieses Grades teilhaft zu werden. Folglich umfaßt jeder folgende Teil in jedem Grade die Lehren und Erklärungen der verschiedenen Stufen der Einführung.

Der zweite Teil des dritten Grades enthält die dramatische Wiedergabe der Legende. Für den, der nicht an allegorische Vorstellungen gewöhnt ist, erscheint sie als die Vorführung einer wirklichen Begebenheit; aber ein solcher Vorgang konnte sich in den erwähnten Räumen nicht abspielen, wie Forschungen ergaben. Der Platz auf dem Berge Moriah, wo der Tempel erbaut war, befand sich an der Ostseite der Hauptstadt. Die Lage des Tempels und der topographische Bau seiner Umgebung lassen solche Umstände nicht zu, wie sie uns die Legende berichtet. Wir müssen daher annehmen, daß die Autoren der Legende diese als den Höhepunkt des Symbolismus der alten Werkmaurerei betrachteten. In dieser Legende ist bis zur äußersten Ausdehnung der erhabene Gedanke durchgeführt, der jedes der alten Mysterien in den orientalischen religiösen Gebräuchen beherrschte und bestimmte, und wenn wir sorgfältig zwischen den Zeilen lesen, finden wir, wie nahe alle diese religiösen Gebräuche den Grundprinzipien der christlichen Weltanschauung stehen.
So ergab es sich, daß bis zur Gründung der Großloge von England im Jahre 1717 und noch während mehrerer Jahre danach nur Bekenner zum Christentum in die maurerischen Vereinigungen aufgenommen wurden. Die Einführung des Grundsatzes, nach welchem jeder Aufnahme finden kann, der sich zum Glauben an Gott bekennt, hat insofern auch Gutes bewirkt, als dadurch die wertvollen Lehren und Grundsätze weitere Verbreitung fanden und finden können, gegründet, wie sie es sind, auf dem Glauben allein an Gott, ohne jedes andere Dogma. Zu diesem Zweck wurde die Legende des dritten Grades in ihre jetzige Form gebracht, und die geheimnisvollen Mysterien der ganzen Freimaurerei sind darin verborgen. Es ist deshalb besonders Wert darauf zu legen, dies deutlich auszuführen.

Das maurerische System des Symbolismus, seiner jetzigen Ausdehnung nach, führt uns eine dreifache Reihe von Gegensätzen vor: Unwissenheit und Erkenntnis, Finsternis und Licht, Verlust und Wiedererlangung. Der Gegensatz von Verlust und Wiedererlangung, symbolisiert durch Tod und Auferstehung – durch Beendigung des zeitlichen und Anfang des künftigen Lebens –, ist vollständig dargestellt im Meistergrad. Wenn sich aber dieser Gegensatz beziehen soll auf die Lehre der göttlichen Wahrheit, symbolisiert durch das „Wort", das für eine Zeit verloren, zuletzt wiedergefunden ist, reicht der dritte Grad in seiner jetzigen Ausgestaltung nicht aus, dieses Symbol auszudeuten.

Nehmen wir alles in allem, so ersehen wir daraus, daß durch alle Allegorien, Symbole, Darstellungen und Erzählungen der Legenden nichts anderes erreicht werden soll, als Wahrheit, Nächstenliebe, Pflichttreue und Gottesglauben in das menschliche Gemüt auf eine Art einzupflanzen, die sich nicht vergessen läßt. Ein leerer, phantasieloser Moralunterricht kann niemals die Wirkung hervorbringen, die ein Unterricht erreicht, bei dem der Lernende gezwungen ist, die fundamentalen Lehrsätze selbst herauszuschälen aus den Verhüllungen, die seinen Geist und seine Phantasie anregen durch den Symbolismus freimaurerischer Zeremonien.

Das schöne System des Symbolismus in jedem Grad finden wir aber noch in einer anderen weit verbreiteten Einrichtung, nämlich in der römisch-katholischen Kirche. Das aber, was in der katholischen Kirche bis zu einem gewissen Grad zufällig und die Frucht der Entwicklung ist, ist in der Freimaurerei das wahre Lebensblut und die Seele, unzertrennlich eines vom andern, oder vielmehr, es ist der Keim, dem der Baum entsprossen ist und der ihm dauernd Unterhalt, Nahrung und selbst Dasein verleiht.

Wo die äußerlich sichtbaren Mittel der Königlichen Kunst sich mit dem inneren Denken und Empfinden berühren, wo sie erweckend und befruchtend die Seele treffen, um in ihr die Finsternis durch das Licht zu vertreiben und die Kräfte des inneren Lebens zu erwecken und zur gestaltenden Tätigkeit freizumachen, da vollzieht sich das, was wir ein Mysterium nennen können. Symbole können überhaupt eindringlicher und verständnisvoller reden, als es die Sprache zu tun vermag, und erfüllen uns oft dann noch mit einem dunklen Drange, wenn die Sprache ganz versagt.
Die symbolische Erklärung der Hiram-Legende müssen wir den einzelnen Systemen der Freimaurerei überlassen; jede Loge stattet ihre Mitglieder mit den nötigen Auslegungen aus, mit deren Hilfe sie zu Wissen, Verstehen und Erkennen ihrer symbolischen Gebräuche gelangen können. Es gibt jedoch keine allgemein feststehende Auslegung der symbolischen Erzählung des dritten Grades.
Jeder Gottsucher erlebt seinen Gott in sich und erkennt ihn nach seinen eigenen Erfahrungen und Erlebnissen und hat ihn in sein Herz aufgenommen nach seinem Denken und Fühlen. Was für den einen Offenbarung, was für ihn Wahrheit ist, das ist es nicht für den anderen. Die gleichen Argumente und Gewißheiten, die den einen überzeugen, hinterlassen beim anderen keinen Eindruck. Diesen Unterschied haben die Menschen von ihrer Geburt an in sich. Niemand ist berechtigt zu behaupten, daß er recht hat, wo andere von gleicher Erfahrung und gleichem Wissen die gegenteilige Meinung aufrechterhalten. Jeder hält es für möglich, daß der andere aufrichtig ist, und jeder befindet sich dabei im Irrtum. „Was ist Wahrheit?" war eine tiefe Frage, die eingebungsvollste, die je an einen Menschen gerichtet wurde.
Viele Glaubenssätze früherer und späterer Zeiten erscheinen unverständlich,

sie lassen uns einen Blick tun in die menschliche Seele, dieses mysteriöse Ding, um so mysteriöser, je mehr wir ihr Tun bemerken.
Wenn wir also symbolische Betrachtungen nicht eingehender anstellen wollen, so möchten wir doch dem Leser eine Auslegung der maurerischen Symbole der drei Grade nicht vorenthalten, welche wenig bekannt sein dürfte und im christlichen Sinne gehalten ist.

Im ersten Grad werden drei Symbole gebraucht:

1. Der Mensch stand nach seinem Fall nackt und wehrlos dem gerechten Zorn Gottes gegenüber. Zum Bösen geneigt wankte die Menschheit blindlings der dichten Finsternis des Unglaubens entgegen, in Banden geschlagen durch den natürlichen und sündigen Willen. Dem sittlichen Verfall folgte das physische Elend. Mangel und Not verbreiteten sich über die Erde. Krieg, Hungersnot und Pestilenz machten das Maß des Bösen voll und über die spitzen Steine des Unglücks und der Verworfenheit mühte sich der Mensch mit nackten und blutenden Füßen. Diesen Zustand von Blindheit, Hilflosigkeit, Elend und Knechtschaft, aus welchem die Welt zu befreien der Erlöser erschien, symbolisiert den Zustand des Suchenden, wenn er zum ersten Mal vor die Türe der Loge geführt wird.
2. Trotz des Todes des Erlösers kann der Mensch nur durch den Glauben, die Reue und die Besserung gerettet werden. Um zu bereuen, muß er den scharfen Stachel und die Qualen des Gewissens fühlen, gleich als wenn ein Schwert ihm das Herz durchbohrt. Seine Zuversicht ist sein Führer, dem, wie ihm gesagt wird, er folgen muß und keine Gefahr zu scheuen braucht; sein Vertrauen auf Gott, zu dem er sich bekennen muß, und die Spitze des Degens, welche auf seine nackte linke Brust über dem Herzen gesetzt wird,

sind symbolisch für den Glauben, die Reue und die Besserung, die nötig sind, um ihn zum Lichte eines Lebens in Jesu dem Gekreuzigten zu bringen.
3. Hat er bereut und sich gebessert und sich zum Dienste Gottes durch ein festes Versprechen und Gelübde gebunden, dann scheint das Licht der christlichen Hoffnung herab in die Finsternis des Herzens dem reuigen Bußfertigen und erglänzt auf seinem Weg zum Himmel. Und dies wird symbolisiert durch die Lichterteilung an den Suchenden, nachdem er seine Verpflichtung abgelegt hat in die Hand des Logenmeisters, der hier das Symbol des Erlösers ist und ihn mit Hilfe der Brüder das Licht sehen läßt, wie Er das Wort lehrte mit Hilfe seiner Apostel.

Im zweiten Grad sind es zwei Symbole:

4. Der Mensch nimmt neue Pflichten gegen Gott und seine Nächsten auf sich. Gegen Gott die Pflicht der Liebe, der Dankbarkeit und der Verehrung und den Wunsch, Ihm zu dienen und Ihn zu verherrlichen; gegen seine Mitmenschen die Pflicht der Güte, Zuneigung und Gerechtigkeit. Und diese Übernahme von Verpflichtungen und dieses Sich-guten-Werken-Widmen wird symbolisiert durch den Eid, durch welchen er als Lehrling nur zu Geheimhaltung verpflichtet wurde, jetzt aber in die Kette seiner Mitbrüder aufgenommen wird, wodurch er die aktiven Pflichten eines guten Freimaurers übernimmt.
5. Der Mensch, mit seinem Gott ausgesöhnt, sieht die Welt in neuem Licht. Das große Weltall ist keine bloße Maschine mehr, die aufgezogen und in Bewegung gesetzt seit vielen Millionen von Jahren kraft des mechanischen Gesetzes für immer weiterläuft, sondern sie wird ihm zur großen Offenbarung Gottes, zum Ergebnis Seines Gedankens, nicht mehr eine tote Maschine,

sondern ein lebendiges Ding, über welches Gott beständig wacht und dessen jegliche Bewegung hervorgerufen ist durch Seinen tätigen Willen, wobei das Gesetz der Harmonie das Wesen der Gottheit ist, das ununterbrochen in Tätigkeit tritt. Und dies wird symbolisiert durch den allerdings unvollkommenen Unterricht im Gesellengrad in den Wissenschaften und besonders in Geometrie, wobei letztere in der Auffassung eines Maurers mit Gott selbst in Verbindung steht, weil der im Osten aufgehangene Buchstabe beide darstellt; und Astronomie oder die Kenntnis der Gesetze der Bewegung und Harmonie sind nur ein Teil der weiter umfassenden Wissenschaft der Geometrie. Sie werden so symbolisiert, weil im zweiten Grad der Suchende zum ersten Mal eine andere als moralische Belehrung erhält.

Im dritten Grad gibt es zwei Symbole, welche mit denen im ersten und zweiten Grad zusammen sieben ausmachen:

6. Nachdem der Suchende sich dem ersten Teil der Zeremonie unterzogen hat, glaubt er, ein Meister zu sein, und ist erstaunt, wenn ihm mitgeteilt wird, daß dies nicht der Fall ist und daß es ungewiß ist, ob er es je werden wird. Es wird ihm von einem schwierigen und gefahrvollen Weg gesagt, den er durchschreiten muß, und es wird ihm angedeutet, daß es von dieser Reise abhängt, ob er ein Meister werden kann. Dies ist symbolisiert durch das, was unser Erlöser zu Nikodemus sagte, daß, obwohl sein Lebenswandel über jeden Tadel erhaben sei, er doch nicht in das himmlische Königreich gelangen könne, wenn er nicht wiedergeboren werde; symbolisch sterbend und wiedergeboren in die Welt kommen, gleich einem fleckenlosen Kinde.
7. Der Mord an Hiram, sein Begräbnis, seine Erhebung durch die Meister

sind Symbole des Todes, der Beisetzung und der Wiederauferstehung vom Tode und Begrabenwerden des Menschen in seiner sündigen Natur und von seiner Wiedergeburt durch die unmittelbare Handlung Gottes, nachdem Moralität (symbolisiert durch den Lehrlingsgriff) und Philosophie (symbolisiert durch den Gesellengriff) ihn nicht zu erheben vermochten. Der „Griff des Löwen" aus dem Hause Juda ist der starke Griff, der nie zerbrochen werden kann, mit welchem Jesus, aus der königlichen Linie dieses Hauses, die ganze Menschheit zu sich heranzog und in seine weit aufgebreiteten Arme einschloß, so fest und so liebevoll, wie Brüder sich mit den fünf Punkten der Meisterschaft umfassen.

Als Lehrling und Geselle wird der Freimaurer gelehrt, das lobenswerte Beispiel jenes Mannes nachzuahmen, der am Bau von König Salomos Tempel arbeitete; fest und tief in seinem Herzen den Grundstein von Wahrhaftigkeit, Gerechtigkeit, Mäßigkeit, Standhaftigkeit, Klugheit und Nächstenliebe zu verankern, um auf ihm jene menschlichen Eigenschaften aufzubauen, welche keine Stunde des Unglücks und keine Macht und Versuchung der Hölle erschüttern können; jene Gefühle und edlen Zuneigungen, die die angemessenste Huldigung bilden, welche dem G. B. a. W. (Großer Baumeister aller Welten) und dem großen Vater des Weltalls erwiesen werden können und welche das Herz zu einem lebendigen, von Ihm erbauten Tempel machen: wenn die zügellosen Leidenschaften dem Richtscheit und dem Maßstab unterworfen werden und ihre Auswüchse mit dem Spitzhammer der Selbstzucht abgehauen werden und wenn jede Handlung und jeder Grundsatz genau nach dem Winkelmaß der Weisheit, der Wasserwaage der Demut und dem Senkblei der Gerechtigkeit berichtigt und ausgerichtet werden.

Die zwei Säulen J und B sind Symbole jenes innigen Glaubens und jenes blinden Vertrauens in Gott, die des Menschen Stärke ausmachen, und jener guten Werke, durch welche allein der Glaube gefestigt und für das Heil wirksam und kräftig gemacht werden kann.
Die drei Säulen, die die Loge tragen, sind eines Menschen Symbole für die Hoffnung auf einen künftigen Zustand der Glückseligkeit, für den Glauben an die Verheißung, die göttlichen Eigenschaften und die Sendung des Erlösers sowie für die liebevolle Beurteilung des Nächsten.
Die drei Mörder Khir Ohms symbolisieren Pontius Pilatus, Kaiphas den Hohen Priester und Judas Ischarioth; und die drei ihm gegebenen Streiche sind der Verrat durch den Letzteren, die Verweigerung des römischen Schutzes von Pilatus und die Verurteilung durch den Hohen Priester; sie symbolisieren auch den Backenstreich, die Geißelung und die Dornenkrone. Die zwölf Gesellen, die auf die Suche des Leichnams ausgesandt wurden, bedeuten die zwölf Apostel, im Zweifel, ob sie an die Auferstehung des Erlösers glauben sollen.
Das Meisterwort, das angeblich verlorenging, symbolisiert den christlichen Glauben und die christliche Religion, angeblich vernichtet und zertreten, als der Heiland gekreuzigt wurde, nachdem Judas ihn verraten, Petrus ihn verlassen hatte und die anderen Jünger im Zweifel waren, ob er vom Tode auferstehen werde, der aber aus seinem Grabe hervorstieg und die ganze Erde überflutete; und so wurde, was scheinbar verloren war, wiedergefunden. Es symbolisiert aber auch den Heiland selbst: das Wort war im Anfang, und es war mit Gott und war Gott, das Wort des Lebens, das Fleisch geworden und unter uns lebte, das angeblich verloren war, während er im Grabe lag und seine Jünger, „die noch nicht die Schrift kannten, daß er von den Toten

auferstehen muß", und zweifelten, als sie davon vernahmen und bestürzt und erschreckt waren und immer noch zweifelten, als er unter ihnen erschien.
Der auf das Grab Khir-Ohms gesteckte Akazienzweig ist ein Sinnbild der Wiederauferstehung und der Unsterblichkeit.
Dies ist die Erklärung eines Teils unserer christlichen Brüder, durchaus berechtigt, wie die der anderen Maurer, zu ehrerbietiger Betrachtung.
Im Zusammenhang damit sei nun eine kurze Betrachtung über die mutmaßliche Einführung des Akazienzweiges in die Hiram-Legende angestellt. Zurückzuführen dürfte die Einführung dieses Symbols in die Legende und dadurch in das Gebrauchtum sein auf zwei Erzählungen aus der Aeneide. Im 6. Buch seines Werkes berichtet Virgil, der im christlichen Mittelalter als einziger der heidnischen lateinischen Autoren von der Kirche anerkannt wurde, weil man eine Stelle der Aeneis, in der prophetisch auf den großen Friedensbringer hingewiesen wird, irrtümlich als Voraussagung Christi verstand, von dem Unternehmen des Aeneas, seinen toten Vater Anchises wiederzufinden. Zu diesem Zweck setzte er sich mit einer Prophetin aus Cumae in Verbindung, welche ihm weissagte, daß er nur auf Erfolg hoffen könne, wenn er an einem bestimmten Ort einen goldenen Zweig pflücke, der ihm den Weg zu seinem toten Vater weisen werde. Und eine andere Geschichte erzählt uns Virgil von König Priamos, welcher bei Beginn des trojanischen Krieges seinen Sohn Polidoros unter die Obhut des Thrakierkönigs Polymnestes gegeben hatte zugleich mit einer großen Summe Geldes. Nach der Zerstörung von Troja tötet Polymnestes den Polidoros, um im Besitz des Geldes zu bleiben. Als Aeneas ins Land kam und zufällig den Zweig eines Strauches in seiner Nähe an der Seite eines Hügels anriß, entdeckte er die Leiche des Polidoros. Diese Erzählungen waren wahrscheinlich den Verfassern

der Hiram-Legende geläufig, und so wurde diese Idee in unsere Legende verwoben.

Die wirkliche Akazie ist der dornige Tamariskenbaum (Mimosa nilozika L.), derselbe Baum, der um den Leichnam des Osiris herum emporwuchs. Er war ein heiliger Baum unter den Arabern, welche aus ihm den Götzen Al-Uzza machten, den Mohammed zerstörte. In der Wüste von Tsur kam er häufig vor, und aus seinen Zweigen war die Dornenkrone gewunden, welche Jesum von Nazareth aufs Haupt gesetzt wurde. Er ist der richtige Typus der Unsterblichkeit wegen seiner Lebenszähigkeit; denn es war bekannt, daß er, wenn als Türpfosten eingebaut, wieder Wurzel faßte und knospende Zweige über der Schwelle hervortrieb.

Aus Mackeys „Enzyklopädie der Freimaurerei" entnehmen wir noch folgende Ausführung:

Die Namen, welche den Mördern, im dritten Grad von einigen der Erfinder der Hochgrade beigelegt wurden, sind von solch sonderbarer Form, daß sie fast unwiderstehlich zu dem Schluße führen, daß die Namen von den Anhängern des Hauses Stuart auf einige seiner Feinde übertragen wurden als Zeichen ihrer Ehrlosigkeit. So ist z. B. Romvel, der Name eines der Mörder in einigen Schottischen Graden, wahrscheinlich eine Verstümmelung von Cromwell.

Jubelum-Guibbs, ein anderer Name für einen dieser Mörder, hat die maurerischen Etymologisten vielfach in Verlegenheit gebracht. Ich glaube, den Ursprung in dem Namen des Reverend Adam Gib gefunden zu haben, welcher ein Antiburgher Geistlicher in Edinburgh war. Als die Stadt im Jahre 1745 in die Hände des jungen Prätendenten Karl Eduard fiel, floh die Geistlichkeit. Aber Gib begab sich nur drei Meilen von der Stadt entfernt, wo er nach Sammeln seiner ergebenen Gemeinde während fünf aufeinanderfolgenden Sonntagen den Kirchenbann gegen den Prätendenten schleuderte und mutig für den Zusammenbruch der Empörung betete. In der Folge ging er zu dem treu gebliebenen Heer und machte zu Falkirk einen Rebellen zum Gefangenen. So tätig war Gib in seiner Opposition gegen das Haus Stuart und so schädlich ist er ihm geworden, daß mehrmals Versuche gemacht wurden, ihm ans Leben zu gehen. Nach seiner Rückkehr nach Frankreich errichtete Karl Eduard im Jahre 1747 sein „Primordial Chapter" zu Arras, und in Verbindung mit den dort bearbeiteten Hochgraden ist es sehr wahrscheinlich, daß er den Namen seines alten Feindes Gib auf den scheußlichsten der Mörder übertrug, der in der Legende des dritten Grades auftritt. Der Buchstabe „u" wurde zweifellos eingeschaltet, um die Franzosen zu hindern, den Namen Jib auszusprechen; die hinzugefügten Buchstaben „b" und „s" waren natürliche und gewöhnliche Ergebnisse der französischen Versuche, einen ausländischen Eigennamen auszusprechen.

Diejenigen, welche die spekulative Maurerei bis auf den alten Sonnenkultus zurückführen, finden in der Legende ein Symbol der Verschwörung der drei Wintermonate, um die lebenspendende Wärme der Sonne zu vernichten. Jene, welche gleich den Schülern der Strikten Observanz den Ursprung der Maurerei an den Tempelbau verlegen, erklären die Legende mit der Verschwörung dreier abtrünniger Ritter, welche den Orden fälschlich verdächtigten und dadurch König Philipp und Papst Clemens halfen, den Templerorden abzuschaffen und seinen Großmeister zu opfern.

Hutchinson und Oliver, welche versuchten, allen maurerischen Symbolen eine christliche Deutung zu geben, bezogen die Legende auf die Kreuzigung des Messias, dessen Urbild natürlich die Tötung Abels durch seinen Bruder

Cain ist. Andere, deren Führer der Chevalier Ramsay war, versuchten ihr eine politische Deutung zu geben. Und indem sie Karl I. zum Typus des Erbauers machten, symbolisierten sie Cromwell und seine Anhänger als die Verschwörer. Die maurerischen Schüler, deren Ziel es war, das moderne System der Freimaurerei mit den alten Mysterien und besonders mit den ägyptischen zu identifizieren, welche sie für das Samenkorn aller anderen hielten, erklären die Verschwörer als das Symbol des bösen Prinzips oder Typhon, der das gute Prinzip oder Osiris erschlug. Oder wenn sie Bezug nehmen auf die Mysterien des Zoroaster in Persien, als Ahriman in Widerstreit mit Ormuzd. Und zuletzt in den philosophischen Graden wird der Mythos gedeutet als der Krieg von Falschheit, Unwissenheit und Aberglauben gegen die Wahrheit.

Die vermutlichen Namen der drei Mörder sind in ihrer Verschiedenheit beinahe zahllos, da sie in allen hauptsächlichen Riten wesentlich voneinander abweichen. So haben wir die drei „J" im York- und amerikanischen Ritus. Im Adonhiramitischen System haben wir Romvel, Gravelot und Ahiram. Im schottischen Ritus sind in den alten Ritualien die Namen wiedergegeben als Jubelum-Akirop, manchmal Ahiram, als Jubelo-Romvel und Jubela-Gravelot. In einigen der deutschen Ritualien sind es Schtecke und Oterfut. In allen diesen Namen finden sich offenbar Verstümmelungen, und die Geduld, mancher maurerischer Forscher mag sich erschöpft haben im Suchen nach einer glaubwürdigen und befriedigenden Ableitung.

Gehen wir in diesem Durcheinander englischer und französischer Verstümmelungen der Genealogie des Wortes Jubelm nach: Ghiblim, Giblim, Gibalim, Ghibbelum, Jiblime, Jibelum, Jabelum und zuletzt Jubelum. Es bedeutet einfach einen Handwerksgesellen und wurde passenderweise als ein gewöhnlicher Name einem bestimmten Gesellen gegeben, der wegen seiner Verräterei bekannt war. Mit anderen Worten: er wurde nicht mit einem speziellen und deutlichen Namen bezeichnet, sondern mit dem Titel und der Stellung seines Ranges am Tempel. Er war „der Geselle", der sich an die Spitze der Verschwörung stellte. Was die Namen der beiden anderen Schurken betrifft, so wurden sie gleich aus dem des größten durch einfache Umstellung der Endung des Wortes von „um" zu „a" in dem einen und zu „o" in dem anderen zusammengestellt, wobei durch eine Namensähnlichkeit die Idee ihrer Verwandtschaft erhalten wurde; denn die alten Ritualien sagen, daß sie Brüder waren, welche zusammen aus Tyros kamen. Diese Ableitung scheint ungezwungen, natürlich und verständlich.

VI. ERKENNTNIS

Jeder Freimaurer muß durch Eindringen in die Symbolik des Bundes und durch eine beständige Betrachtung und Analysierung alles dessen, was er bei den Logenarbeiten vernimmt, die Geheimnisse der Maurerei für sich entdecken. Sie will ihre Wahrheiten nicht aufzwingen; sie stellt sie dar, kurz und bündig, oder verhüllt sie vielleicht hinter Schleiern oder sie legt zwischen sie und das Auge, das davon geblendet werden könnte, eine Wolke. Suchet und ihr werdet finden: Erkenntnis und Wahrheit.

Hauptsächlich philanthropisch, philosophisch und fortschrittlich hat die Maurerei als Grundlage ihrer Lehre einen festen Glauben an die Existenz eines „Großen Baumeisters aller Welten" und an die Unsterblichkeit der Seele. Ihr Zweck und ihr Ziel ist die Verbreitung moralischer, philosophischer, politischer und religiöser Wahrheiten und die Ausübung jeglicher Tugend.

Zu jeder Zeit war ihre Devise Freiheit, Gleichheit, Brüderlichkeit mit konstitutioneller Verfassung, Gesetz, Ordnung, Disziplin und Unterordnung unter gesetzliche Autorität; Herrschaft, aber nicht Anarchie.

Jedoch ist sie weder eine politische Partei noch eine religiöse Sekte. Sie umfaßt alle Parteien und alle Glaubensgemeinschaften, um aus ihnen eine große brüderliche Gemeinschaft zu bilden. Sie erkennt die Würde der menschlichen Natur an und das Recht des Menschen auf solche Freiheit, die er verdient, und sie kennt nichts, was einen Mann unter den anderen stellen

könnte, außer Unwissenheit, Niedrigkeit und Verbrechen und die Notwendigkeit der Unterordnung unter gesetzlichen Willen und Autorität.
Sie ist philanthropisch, denn sie anerkennt die große Wahrheit, daß alle Menschen gleichen Ursprungs sind, gemeinsame Interessen haben und zu dem gleichen Endzweck zusammenarbeiten müssen. Daher lehrt sie ihre Mitglieder, einander zu lieben, einer dem anderen gegenseitige Hilfe und Unterstützung in allen Lebenslagen zu gewähren, miteinander die Sorgen und Mühen zu teilen, aber auch Freude und Lust; des anderen Ruf zu schützen, seine Ansichten zu achten und vollkommen duldsam zu sein gegenüber den Irrtümern in seinem Glaubensbekenntnis und in allen seinen Angelegenheiten, die er mit Treue und Redlichkeit betreibt.
Sie ist philosophisch, weil sie die großen Wahrheiten lehrt in bezug auf die Natur und das Dasein einer Höchsten Gottheit, das Vorhandensein und die Unsterblichkeit der Seele. Sie läßt die Akademie Platons und Sokrates weise Lehren wiedererstehen. Sie läßt die Grundsätze eines Pythagoras, Konfuzius und Zoroasters bestehen und schärft mit Ehrfurcht die erhabenen Gebote dessen ein, der am Kreuz gestorben ist.
Die Alten nahmen an, daß allgemeine Humanität unter dem Einfluß zweier entgegengesetzter Prinzipien handelt, nämlich denen des Guten und des Bösen, von denen das Gute den Menschen zu Wahrheit, Unabhängigkeit und Ergebenheit antreibt und das Böse ihn zu Falschheit, Knechtschaft und Selbstsucht hinzieht. Maurerei stellt das gute Prinzip vor und kämpft unausgesetzt gegen das Böse. Sie ist der Herkules, der Osiris, der Apollo, der Mithras und der Ormuzd, in immerwährender und tödlicher Feindschaft mit den Dämonen der Unwissenheit, Brutalität, Niedrigkeit, Falschheit, Versklavung der Seele, Unduldsamkeit, des Aberglaubens und der Tyrannei.

Als Despotismus und Aberglaube, daß die Zwillingsmächte des Bösen und der Finsternis überall herrschten und unbesiegbar und unsterblich zu sein schienen, erfand Maurerei, um der Verfolgung zu entgehen, die Mysterien, d. h. die Allegorie, das Symbol, das Emblem, und übermittelte ihre Lehrsätze durch die geheime Art der Einweihung. Jetzt aber, unter Beibehaltung ihrer alten Symbole und zum Teil ihrer alten Zeremonien entfaltet sie in jedem zivilisierten Lande ihr Banner, auf welchem in Buchstaben des lebendigen Lichtes ihre großen Grundsätze geschrieben stehen, und sie geht über die kleinlichen Anstrengungen von Königen, Päpsten und Despoten, sie durch Exkommunikation, Interdiktion oder gewaltsame Unterdrückung auszutilgen, mit einem Lächeln hinweg.
Des Menschen Ansichten von Gott werden immer nur so viel positive Wahrheit enthalten, als der menschliche Geist in sich aufzunehmen imstande ist, mag diese Wahrheit durch die Anstrengung des Denkens erlangt oder durch Offenbarung aufgenommen werden. Sie muß notwendigerweise begrenzt und gemildert werden, um sie zur Aufnahme der beschränkten menschlichen Intelligenz zu bringen. Da beschränkt, können wir keine richtige und entsprechende Idee des Unbeschränkten bilden; da materiell, können wir zu keiner reinen Empfängnis des Geistigen kommen. Wir kennen und glauben an die Unendlichkeit von Raum und Zeit und die geistige Natur der Seele; aber die Idee dieser Unendlichkeit und geistigen Natur weicht uns aus. Selbst Allmacht kann unserem beschränkten Verständnis nicht unbeschränkte Fassungskraft einflößen; noch kann Gott, ohne erst die Beschaffenheit unseres Wesens von Grund auf zu ändern, eine vollständige und volle Erkenntnis seiner eigenen Natur und Eigenschaften in die enge Fassungskraft einer menschlichen Seele gießen. Menschlicher Verstand könnte es nicht begreifen

und menschliche Sprache nicht ausdrücken. Das Sichtbare ist notwendigerweise der Maßstab für das Unsichtbare.
Das Bewußtsein des Individuums offenbart sich von selbst. Seine Erkenntnis kann die Grenzen seines eigenen Wesens nicht überschreiten. Sein Verständnis für andere Dinge und andere Wesen richtet sich immer nur nach seinem Auffassungsvermögen; es sind nie jene Dinge oder Wesen selbst. Das lebendige Prinzip eines lebendigen Alls muß immer unbeschränkt bleiben, weil alle unsere Ansichten und Anschauungen beschränkt sind und sich nur auf beschränkte Wesen anwenden lassen.
Die Gottheit ist daher nicht ein Gegenstand der Erkenntnis, sondern des Glaubens. Man kann ihr nicht durch Verstehen näher kommen, sondern durch moralisches Fühlen; sie kann nicht begriffen, sondern muß gefühlt werden. Verborgen vor menschlicher Fassungskraft, in Dunkelheit, vor welcher gezügelte Einbildungskraft zurückschreckt und seiner Schwäche bewußtes Denken zurückweicht, ist die göttliche Natur ein Thema, über welches der Mensch nicht berechtigt ist zu dogmatisieren. Hier wird der philosophische Intellekt sich peinlich seiner eigenen Unzulänglichkeit bewußt. Aber gerade hier dogmatisiert, klassifiziert und beschreibt der Mensch Gottes Eigenschaften am meisten und stellt seine Zeichnungen über Gottes Natur und sein Verzeichnis über Gottes Eigenschaften, Gefühle, Antriebe und Leidenschaften auf, und dann hängt oder verbrennt er seinen Bruder, der, ebenso dogmatisch wie er selbst, eine von der seinen unterschiedliche Zeichnung macht und ein anderes Verzeichnis aufstellt. Der Verstand kennt keine Demut; sein Gott ist eine ichbezogene Gottheit. Unvollkommenheit drängt seine eigene Beschränktheit dem Unbeschränkten auf und kleidet den unbegreiflichen Geist des Alls in Formen, die in den Bereich der Sinne und des Verstandes

gehören und die von jener beschränkten und unvollkommenen Natur stammen, welche eben nur eine Schöpfung Gottes ist.
Wir befinden uns alle, wenn auch nicht alle in gleicher Weise, im Irrtum. Die uns lieb gewordenen Dogmen eines jeden von uns sind nicht, wie wir gerne annehmen, die reine Wahrheit über Gott, sondern unsere besondere Form des Erkennens, unsere Vermutung der Wahrheit, die widerstrebenden und zersplitterten Lichtstrahlen, die auf unsere Sinne gefallen sind. Unsere kleinen Lehrgebäude haben ihren Tag und hören auf zu sein; sie sind nur gebrochene Lichter Gottes; und Er ist mehr denn sie. Vollständige Wahrheit kann nirgendwo erlangt werden. Dennoch dürfen wir in dem Bestreben nach Wahrheit nicht nachlassen, noch uns zufrieden in Irrtum fügen. Es ist unsere Pflicht, immer wieder im Suchen vorwärts zu drängen; denn obgleich absolute Wahrheit unerreichbar, kann doch die Masse der Irrungen in unseren Ansichten beständig und fortgesetzt vermindert werden. Und so ist Maurerei ein fortwährendes Ringen nach Licht.
Alle Irrtümer sind nicht gleich unschädlich. Was am meisten Schaden bringt, ist, unwürdige Gedanken über die Natur und Eigenschaften Gottes zu unterhalten; und dies symbolisiert Maurerei durch die Unkenntnis des wahren Wortes. Das wahre Wort eines Maurers ist nicht die ganze vollständige absolute Wahrheit über Gott, sondern das höchste und edelste Verständnis für Ihn, welches unser Geist zu bilden fähig ist. Und dieses Wort ist unaussprechlich, weil keiner dem anderen seine Auffassung über die Gottheit mitteilen kann, da jedes Menschen Auffassung von Gott seiner geistigen Bildung, seinen intellektuellen Kräften und seiner sittlichen Befähigung angepaßt sein muß. Gott ist, wie der Mensch ihn versteht, das Spiegelbild seiner selbst. Wenn wir unsere Auffassung über seine Person prüfen und wenn wir von Ihm

eine erhabenere, edlere, höhere, herrlichere und prächtigere Idee in uns aufnehmen können, dann ist diese Auffassung für uns die wahre Erkenntnis der Gottheit; denn nichts können wir uns vortrefflicher vorstellen als eben Gott.

Für den Freimaurer ist Er die große Quelle des Lichts, der Welt des Lebens, der Materie und der Menschen. Alles Sein unmittelbares Werk. Er glaubt, daß Gott die Menschen mit verschiedenen intellektuellen Fähigkeiten gemacht hat und dadurch einige in den Stand setzte, durch höhere geistige Kraft Wahrheiten erschauen und erstehen zu lassen, welche der Masse der Menschen verborgen bleiben. Er glaubt, daß wenn es Sein Wille ist, daß die Menschheit einen Schritt weiter vorwärtskommen und irgendeine gewichtige Entdeckung gemacht werden soll, Er einen Verstand von mehr als gewöhnlicher Größe und Kraft ins Dasein ruft, um neuen Ideen und höheren Begriffen von den der Menschheit lebensnotwendigen Wahrheiten Leben zu geben.

Wir erfahren, daß Gott die Angelegenheiten in dieser schönen und harmonischen, aber geheimnisvoll regierten Welt so geordnet hat, daß ein großer Geist nach dem anderen von Zeit zu Zeit erstehen wird, um dem Menschen die Wahrheiten, wie es notwendig ist, und die Menge der Wahrheiten, die er ertragen kann, zu enthüllen. Er richtet es so ein, daß die Natur und der Lauf der Ereignisse Männer in die Welt schicken, wodurch große Wahrheiten und erhabener Glanz geistigen Lichtes selbsttätig entstehen werden. Diese Männer, begabt mit höherer geistiger und moralischer Organisation und Bildung, sprechen dann durch Eingebung zu den Menschen.

Wer auch Hiram wirklich war, für uns ist er der Typus der Menschlichkeit in ihrer höchsten Phase, ein Beispiel dessen, was der Mensch werden kann und soll im Laufe der Zeitalter, in seinem Fortschritt nach der Verwirklichung seiner Bestimmung; ein Wesen, begabt mit einem herrlichen Verstand, einer edlen Seele, einer hoch entwickelten Bildung und eines vollkommen ausgeglichenen sittlichen Wandels.

Der Freimaurer setzt nicht die Natur beiseite, welche ihm Gott gegeben hat, um sich nach einer anderen abzumühen, die ihm nicht verliehen ist. Er weiß, daß der Mensch in die Welt gesandt wurde, nicht als ein geistiges, sondern als ein zusammengesetztes Wesen, aufgebaut aus Körper und Geist, wobei der Körper, wie es in einer materiellen Welt notwendig, seinen vollen, rechtmäßigen und ihm zugewiesenen Teil hat. Sein Leben wird von der Erkenntnis dieser Tatsache geleitet. Er verneint es nicht mit kecken Worten und gibt es nicht zu in Schwachheit und unvermeidlicher Schwäche. Er glaubt, daß seine geistige Natur in der nächsten Stufe seines Seins aufkommen wird, wenn er den geistigen Leib ablegt, daß sein Körper im Tode hinsinkt und daß bis dahin Gott will, daß er beherrscht und überwacht, aber nicht vernachlässigt und der Seele unbekannt sein soll, unter der Strafe schwerer Folgen.

Auch ist der Freimaurer nicht gleichgültig gegen das Schicksal der Seele nach ihrem gegenwärtigen Leben, gegen ihr späteres und ewiges Sein. Dies ist für ihn der Gegenstand des tiefsten Interesses und der edelsten und verfeinertsten Betrachtung. Sie nimmt viel von seiner Muße in Anspruch, und er wird vertraut mit den Sorgen und dem Elend dieses Lebens, wie seine Hoffnungen enttäuscht werden und seine Visionen von Glückseligkeit verblassen. Wenn ihn das Leben zermürbt hat im Sturmlauf der Zeit, wenn er matt und müde ist und die Last seiner Jahre schwer auf ihm liegen, dann neigt sich die Waage langsam einem anderen Leben zu, und er klammert sich an seine hohen

Betrachtungen mit einer Zähigkeit des Interesses, das keiner Ermunterung bedarf und keinem Verbot Gehör schenkt. Es ist dies das trostbringende Vorrecht des Wegemüden, des Überdrüssigen, des Seufzenden, des Heimgesuchten.

Die Betrachtung des Zukünftigen wirft für ihn Licht auf die Gegenwart und bringt den höheren Teil seiner Natur zur Entwicklung. Er bemüht sich rechtschaffen, die Forderungen von Himmel und Erde in seiner Zeit und in seinem Denken auszugleichen, um ihm das erforderliche Gleichgewicht zu geben, die Pflichten dieser Welt zu erfüllen und für ihre Interessen zu sorgen und auf der anderen Seite sich für eine bessere Welt vorzubereiten, für die Pflege und Säuberung seines eigenen Charakters und für den Dienst an der Wohlfahrt seiner Mitmenschen.

Freimaurerei weist darauf hin, daß die menschliche Seele zu einem bestimmten Zweck geschaffen wurde: Sie ist so gebildet, so gestaltet, so genau ausgewogen, so vorzüglich proportioniert in allen Teilen, daß der ihr zugefügte Schmerz Elend bedeutet; lasterhafte Gedanken fallen auf sie gleich Tropfen scharfen Giftes, und der Hauch schuldbeladenen Verlangens hinterläßt schwarze Stellen auf ihrem zarten Gewebe, tödlich wie die Pestbeulen auf dem Körper. Sie ist geschaffen für die Tugend und nicht für das Laster, für Reinheit und für Ruhe und Glückseligkeit. Ebenso vergeblich würden wir versuchen, den Berg dem Tale gleichzumachen, die Wogen der stürmischen See vom Strande abzuhalten, die Sterne in ihrem raschen Lauf aufzuhalten, als irgendein Gesetz unserer eigenen Natur zu ändern. Und eines dieser Gesetze, das durch jeden Nerv und jede Faser, jede Macht und jedes Element von der moralischen Verfassung spricht, ist, daß wir aufrichtig und tugendhaft sein sollen; daß, wenn wir in Versuchung kommen, wir widerstehen sollen; daß wir unsere ungezügelten Leidenschaften beherrschen und unsere sinnlichen Begierden im Zaume halten sollen. Und dies ist nicht das Gebot eines willkürlichen Willens, noch eines strengen unausführlichen Gesetzes, sondern es ist ein Teil des großen festen Gesetzes der Harmonie, welches das Weltall zusammenhält; nicht die Verordnung eines willkürlichen Willens, sondern das Gebot unendlicher Weisheit.

Alle Werke der Schöpfung zeichnen sich aus durch Weisheit, Stärke und Schönheit, und durch die Ewigkeit scheint das Licht der Gnade, alles enthüllend, alles vollendend. Einst werden wir sehen, was wir jetzt nur glauben können. Die Wolke wird entschweben, das Tor des Mysteriums wird durchschritten und das volle Licht für immer scheinen: das Licht, von dem die Loge ein Symbol ist. Dann wird, was uns Prüfungen verursachte, Siegesfreude auslösen, und was unser Herz schmerzlich empfand, wird uns mit Freude erfüllen. Wir werden fühlen, daß dort wie hier Glückseligkeit ist, nämlich zu lernen, vorwärts und höher zu kommen, was aber nicht geschehen kann, wenn wir nicht in Irrtum, Unwissenheit und Unvollkommenheit begonnen hätten. Wir wandeln durch Finsternis, um zum Licht zu gelangen.

Und dem Freimaurer ist vertraut, daß das höchste Wesen ein Mittelpunkt des Lichtes ist, dessen Strahlen und Ausstrahlungen das Universum durchdringen; denn das ist das Licht, nach welchem der Freimaurer auf allen seinen Reisen auf die Suche geht und von dem die Sonne und der Mond in den Logen nur Sinnbilder sind; daß Licht und Finsternis, die größten Feinde seit Anfang der Zeiten, sich das Reich der Welt streitig machen, was die Freimaurerei durch die Wanderungen des Suchenden und durch die Lichterteilung symbolisieren; daß die Welt erschaffen wurde nicht durch das höchste Wesen selbst, sondern durch wirkende Kräfte, die Sein Wort (Logos = Geist und

Wort) sind und von Typen, welche Seine Ideen sind, unterstützt durch eine Intelligenz oder Weisheit (Sophia), welche eine Seiner Wesenseigenschaften ausmacht, worin wir die versteckte Bedeutung von der Notwendigkeit des Wiederfindens des Wortes sehen; und von unseren zwei Säulen Stärke und Weisheit, welche auch die parallelen Linien sind, die den Kreis, der das Weltall bedeutet, berühren; daß die sichtbare Welt das Abbild der unsichtbaren Welt ist; daß das Wesen der menschlichen Seele das Abbild Gottes ist und daß sie vor dem Leibe vorhanden war; daß der Zweck ihres irdischen Lebens darin besteht, sich von ihrem Körper oder Grabe loszulösen, und daß sie zu den himmlischen Regionen emporsteigt, sobald sie gereinigt sein wird, worin wir die jetzt in unseren Logen fast vergessene Bedeutung der Art und Weise erkennen, in welche der Suchende für seine Lehrlingszeit vorbereitet wird und die Bedeutung seiner Prüfungen und Läuterungen im ersten Grad.

VII. DAS GROSSE GEHEIMNIS

Etwas geht weit über unser Verständnis hinaus, daß im Menschen das Göttliche mit dem Menschlichen vereint ist. Von dieser Vereinigung ist das gleichseitige Dreieck innerhalb des Kreises ein Symbol.
„Wir sehen die Seele", sagte Plato, „wie man die Statue des Glaukos sieht, aus dem Meere erstanden, wo sie lange Zeit gelegen hatte, bei deren Anblick es nicht leicht, wenn überhaupt möglich ist, ihre ursprüngliche Natur zu unterscheiden, da die Glieder teilweise abgebrochen waren und fehlten oder durch die Bewegung der Wogen, durch die anhängende Muscheln, Seetang und Sand in ihrem Aussehen verändert waren, so daß sie mehr einem seltsamen Ungeheuer glich, als dem, was sie war, als sie ihrer göttlichen Quelle entsprang. Ebenso sehen wir die Seele, mißgebildet durch unzählige Dinge, die ihr Schaden zugefügt, sie verstümmelt und entstellt haben." Aber der Freimaurer, der um das große Geheimnis weiß, besitzt den Hang nach Verbindung mit dem Göttlichen und Unsterblichen, jenes höhere Streben, auch wenn es mit Unterliegen endet, die eigenen Hindernisse und die Knechtschaft der Sinne und Leidenschaften zu überwinden. Die Seele, wenn sie sich befreit hat aus den sie verunstaltenden und entstellenden Auswüchsen, will er wieder ihrer wahren Natur und Gestalt zuführen und schrittweise die mystische Leiter der Sphären ersteigen lassen, hin zu ihrem Ursprungsort. Das große Geheimnis, von dem der Freimaurer, wenn er ein treuer Anhänger

der Lehren des Bundes ist und falls er nach Erkenntnis verlangt, die Meisterschaft erreicht, ist das, was Sohar als das Mysterium des Gleichgewichts bezeichnet, das Geheimnis des universalen Ausgleichs.

Jenes Ausgleichs in der Gottheit zwischen der unendlichen Weisheit und der unendlichen Macht, aus welchem die Festigkeit des Universums hervorgeht und die Unveränderlichkeit des höchsten Gesetzes sowie die Grundsätze von Wahrheit, Gerechtigkeit und Recht, die ein Teil davon sind; und die höchste Verbindlichkeit dieses Gesetzes für alle Menschen, da höher stehend denn jedes andere Gesetz und einen Teil bildend von allen Gesetzen der Menschen und Völker.

Auch jenes Ausgleichs zwischen der unendlichen Gerechtigkeit und der unendlichen Gnade, dessen Ergebnis die unendliche göttliche Billigkeit ist und die sittliche Harmonie oder Schönheit des Weltalls. Durch sie wird das Verweilen der geschaffenen und unvollkommenen Naturen in der Gegenwart der vollkommenen Gottheit ermöglicht; und für Ihn, wie auch für uns, ist es besser zu lieben, als zu hassen, und Vergebung ist weiser als Rache oder Strafe.

Jenes Ausgleichs zwischen Notwendigkeit und Freiheit, zwischen der Handlung der göttlichen Allmacht und dem freien Willen des Menschen, nach welchem Laster und niedrige Handlungen und unedle Gedanken und Worte Verbrechen und Verfehlungen sind und gerechterweise bestraft werden durch die Gesetze von Ursache und Wirkung, obgleich nichts im All im Gegensatz zu Gottes Willen geschehen kann. Ohne solches Mitdasein, ohne die gleichzeitige Mitwirkung von Freiheit und Notwendigkeit, vom freien Willen im Geschöpf und der Allmacht des Schöpfers könnte es keine Religion geben noch irgendein Gesetz von Recht und Unrecht oder Verdienst und Schuld, noch überhaupt Gerechtigkeit bei Verhängung menschlicher Bestrafung oder in den Strafgesetzen.

Jenes Ausgleichs zwischen Gut und Böse und zwischen Licht und Finsternis in der Welt, der uns die Gewißheit gibt, daß alles das Werk einer unendlichen Weisheit und einer unendlichen Liebe ist; und daß es keinen widerspenstigen Dämon des Bösen oder kein Prinzip der Finsternis gleichzeitig mit und in Gegensatz zu Gott oder dem Prinzip des Lichtes und des Guten gibt. Durch Erringen dieser Erkenntnis können wir mit Hilfe des Glaubens ersehen, daß das Vorhandensein von Bösem, von Sünde und Leiden und Sorgen in der Welt sowohl mit der unendlichen Güte als auch mit der unendlichen Weisheit des Allmächtigen übereinstimmt.

Jenes Ausgleichs zwischen Sympathie und Antipathie, zwischen Anziehung und Abstoßung, jede eine Naturkraft, die Gegensätze in den Seelen der Menschen und im Universum der Sphären und Welten sind. Aus der Tätigkeit und dem Widerstreit des einen gegen das andere ergibt sich Harmonie und jene Bewegung, die das Leben des Weltalls und ebenso das der Seele ausmacht. Sie sind nicht Feinde gegeneinander. Die Gewalt, welche einen Planeten von der Sonne abstößt, ist keine schlimmere Macht, als die, welche den Planeten gegen das zentrale Lichtgestirn hinzieht, denn beide sind erschaffen und angewandt von der Gottheit, und das Ergebnis davon ist Harmonie; sie wirkt sich aus in den harmonischen Bewegungen der gehorchenden Planeten in ihren elliptischen Bahnen und in der mathematischen Genauigkeit und unwandelbaren Regelmäßigkeit ihrer Bewegungen.

Jenes Ausgleichs zwischen Autorität und individueller Tätigkeit, welcher ein freies Regiment bestellt, indem er auf unwandelbarem Grunde Freiheit mit Gehorsam vor den Gesetzen, Gleichheit mit Unterwerfung unter Autorität

und Brüderlichkeit mit Unterordnung unter die Weisesten und Besten errichtet. Und jenes Ausgleichs zwischen der aktiven Energie des Willens der Gegenwart, ausgedrückt durch die Stimme des Volkes und der passiven Beständigkeit und Willensdauer der Vergangenheit, ausgedrückt in den Verfassungen der Staaten, geschrieben oder ungeschrieben, und in den Gesetzen und Überlieferungen, grau vom Alter und ehrwürdig durch die Zeit, als Richtschnur und Autorität. Dies wird dargestellt durch den Bogen, welcher auf den beiden Säulen Jachin und Boas ruht, die am Portal des Freimaurer-Tempels stehen, errichtet durch die Weisheit, auf deren eine Maurerei den Himmelsglobus stellt als Symbol des geistigen Teils unserer zusammengesetzten Natur, und auf die andere den Erdglobus als Symbol des materiellen Teils.
Und endlich jenes Ausgleichs, möglich in uns selbst, wegen dessen sich die Maurerei unaufhörlich bemüht, den Aufgenommenen zu vervollkommnen, und den sie von ihren Anhängern verlangt, nämlich des Ausgleichs zwischen dem Geistigen und Göttlichen sowie dem Materiellen und Menschlichen im Menschen; zwischen dem Intellekt, dem Verstand und dem moralischen Gefühl auf der einen Seite und den Begierden und Leidenschaften auf der anderen Seite, woraus sich Harmonie und Schönheit eines richtig eingerichteten Lebens ergeben.

Daß ein solcher Ausgleich möglich ist, beweist, daß unsere Begierden und Sinne wie auch unsere Kräfte uns verliehen sind zum Zweck, Gutes zu tun, und nicht etwa die Früchte der Bosheit sind; daß sie uns gegeben wurden, damit wir durch sie gestärkt und zu großen und guten Taten angeregt werden und sie weise gebrauchen und nicht mißbrauchen sollen. Damit sie beherrscht und in den richtigen Grenzen gehalten werden durch Verstand und sittliches Empfinden, auf daß wir sie zu nützlichen Werkzeugen und Dienern machen

und nicht zulassen, daß sie über uns Herr und Meister werden, indem wir unseren Intellekt und unseren Verstand als Hilfsmittel zu ihrer Freude benützen.
Und dieser Ausgleich lehrt uns vor allem, uns als unsterbliche Seelen zu betrachten, Liebe und Ehrerbietung zu anderen zu haben, die die gleichen Menschen sind wie wir, mit uns Teilnehmer sind an der Natur, erleuchtet von einem Strahl der höchsten Intelligenz, gleich wie wir nach dem Lichte ringen; fähig, gleich uns, fortzuschreiten zur Vervollkommnung, und die auch verdienen, geliebt und bemitleidet, aber nie gehaßt oder verachtet zu werden.
Und er lehrt uns ferner, ihnen zu helfen und sie zu ermuntern im Kampf ums Dasein und sie nicht zu verlassen auf der Wanderung durch die Finsternis und noch weniger, sie mit Füßen zu treten, während wir selbst uns anstrengen, emporzukommen.

Licht ist der Ausgleich zwischen Dunkelheit und Helligkeit.
Bewegung ist der Ausgleich zwischen Tätigkeit und Untätigkeit.
Autorität ist der Ausgleich zwischen Freiheit und Gewalt.
Weisheit ist der Ausgleich in den Gedanken, die die Funken und Strahlen des Intellekts sind.
Tugend ist der Ausgleich der Neigungen.
Schönheit ist die harmonische Proportion der Formen.
Das schönste Leben ist das fehlerfreie, und die Herrlichkeiten der Natur sind eine Aufmachung von Anmut und Glanz.
Alles, was recht ist, ist schön; alles Schöne muß recht sein.

Aus der Aktion und Reaktion jedes dieser Paare von Gegensätzen ergibt sich das, was für alle alten Weisen das ausdrucksvolle Symbol der Gottheit war, wie aus Osiris und Isis Haroeri, der Meister des Lichtes und des Lebens, und das schaffende Wort erstand. An den Ecken des Dreiecks stehen symbolisch die drei Säulen, welche die Loge tragen, selbst ein Symbol des Universums, der Weisheit, Macht und Harmonie oder Schönheit. Eines dieser Symbole, auf dem Reißbrett des Lehrlings gezeichnet, gibt uns diese letzte Lehre der Freimaurerei. Es ist das rechtwinklige Dreieck, das den Menschen darstellt als Vereinigung des Materiellen und des Geistigen, des Göttlichen und des Menschlichen.

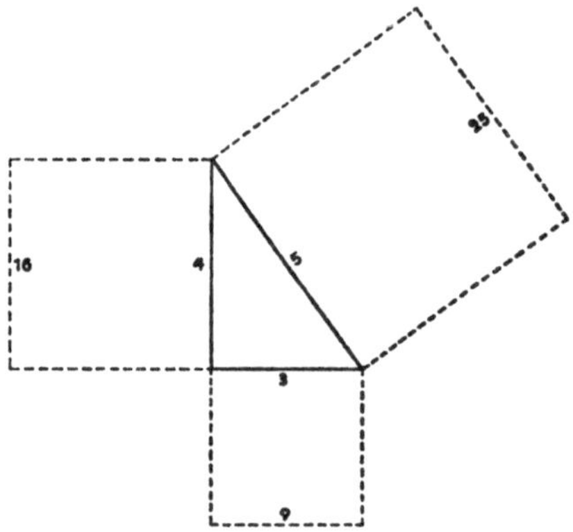

Die Grundlinie, gemessen durch die Zahl 3, die Zahl des Dreiecks, stellt die Gottheit und das Göttliche dar; die Senkrechte, gemessen durch die Zahl 4, die Zahl des Winkels, bedeutet die Erde, das Materielle und Menschliche, und die Hypothenuse, gemessen durch die Zahl 5, stellt jene Natur dar, welche durch die Verbindung des Göttlichen und Menschlichen der Seele und des

Leibes hervorgebracht wird. Die Quadrate 9 und 16, der Grundlinie und der Senkrechten, ergeben zusammen 25, deren Quadratwurzel 5 ist, das Maß der Hypothenuse.

Und da in jedem Dreieck der Vollkommenheit Eins Drei ist und Drei Eins, so ist es auch der Mensch, wenn auch zweifacher Natur; er erreicht das Ziel seiner Einheit nur, wenn die beiden in ihm wohnenden Naturen im richtigen Gleichgewicht sind. Sein Leben ist nur erfolgreich, wenn es auch harmonisch und schön ist, gleich den großen Harmonien Gottes und des Weltalls. Dies ist das wahre Wort eines Freimaurer-Meisters, dies ist das wahre große Geheimnis, welches das Heilige Reich wahrer maurerischer Brüderschaft ermöglicht und schließlich auch verwirklicht.

VIII. GERECHTIGKEIT

Dem Freimaurer wird in jedem Grad eingeschärft, recht und gerecht zu sein und zu handeln.
An den vier Ecken des Reißbretts der Lehrlinge hängen vier Quasten, welche die vier hauptsächlichsten Tugenden eines Freimaurers versinnbildlichen, nämlich Mäßigkeit, Tapferkeit, Vorsicht und Gerechtigkeit. Letztere Tugend wird im englischen Freimaurer-Katechismus ausgelegt als die feststehende und unwandelbare Rechtsnorm, welche lehrt, jedermann das ihm Gebührende ohne Ansehen der Partei und ohne Unterschied der Person zu geben. Diese Tugend ist die Grundlage jedes sozialen und moralischen Gesetzes und das Kennzeichen und der Kitt jeder menschlichen Gemeinschaft. Wo Gerechtigkeit nicht souverän herrscht, muß unvermeidlicherweise Verwirrung und Unordnung entstehen; gesetzlose Gewalt wird alle Grundsätze von Treu und Glauben vernichten, den sozialen Aufbau desorganisieren und unter Umständen in sich zusammenstürzen lassen.
Wie Gerechtigkeit die Handlungen jedes guten Mannes beeinflußt und beherrscht, so soll sie im besonderen die beständige und nie irrende Führerin eines Freimaurers sein; sie muß ihn dazu veranlassen, den Ermahnungen, welche der Meister an ihn bei seiner Aufnahme gerichtet hat, Folge zu leisten, stets geraden Sinnes zu sein und sich in allen seinen Handlungen durch strenge Aufrichtigkeit leiten lassen. Symbolisiert wird dies durch die aufrechte

Haltung und die rechtwinklige Fußstellung, welche der Freimaurerlehrling in der Loge einzunehmen hat. Daher gilt auch das Winzelmaß als Sinnbild der Gerechtigkeit.

Was ist nun Gerechtigkeit? Sie kann erklärt werden als der Ausgleich zwischen Recht und Pflicht, zwischen Mensch und Mensch oder zwischen dem Einzelwesen und der Gesellschaft. Aber diese Definition läßt andere Fragen entstehen: Was ist Ausgleich? Was ist Recht? Was Pflicht? Was Gesetz? Das sind Fragen, über welche wir nachdenken müssen, um ausfindig zu machen, worin Recht und Pflicht absolut und relativ, worin Gesetz natürlich und herkömmlich sein kann. Wir mögen eine sehr klare Anschauung über Gerechtigkeit haben, wir können wissen, was sie ist, wir können ihren Ursprung, ihre Notwendigkeit darstellen; aber wie wird Gerechtigkeit verwirklicht, aufgebaut, ausgeübt?

Derjenige, welcher bereit ist, den goldenen Schlüssel zu tragen, der ihm als Abzeichen seiner Richterwürde übergeben wird, nimmt ein schwieriges und höchst vertrauenswürdiges Amt auf sich. Es gibt nur einen unfehlbaren, nie irrenden Richter! Jedes menschliche Urteil besitzt Ungewißheit. Die Fehlurteile der Richter haben oft ebenso schwere Folgen nach sich gezogen, wie die Vergehen und Verbrechen, derentwegen sie über andere richteten, und manchmal muß der Richter gegen seinen Willen und seine bessere Einsicht Klage erheben, wenn ihm dann auch durch den unbeugsamen Zensor Zeit Bedauern, Sorge und vielleicht manchmal Gewissenbisse verursacht werden. Es ist nicht weise zu verlangen, über unsere Mitmenschen zu richten; es ist eine ernste Pflicht und eine unwillkommene Aufgabe, wenn sie getan werden muß, wenn sie nicht auf irgendeine Weise ehrenvoll abgelehnt werden kann, und doch ist sie ein wünschenswertes und begehrenswertes Vorrecht.

Wehe dem, der sich die Macht des Urteils und dadurch Vorrechte anmaßt, wenn er nicht zugleich leidenschaftslos, aufrichtig, unparteiisch und gerecht ist. Nur der darf sich zum Richter über andere aufwerfen, dessen Herz ihm sagt, daß gute Gründe allein ihn dazu führen, die Macht zu erlangen, und daß er sie unter eigener Verantwortlichkeit übernehmen kann.
Es seien hier Aussprüche von Weisen des Altertums angeführt, die Recht und Gerechtigkeit lehrten und sie als Grundlage der Menschengemeinschaft und als Stütze jeder menschlichen Gesellschaft betrachteten.
So lehrte Sokrates, eingeweiht in die alten Mysterien, in den heiligen Hainen Athens, daß es nur einen Gott gibt, und daß die Seele des Menschen unsterblich ist; er lehrte Gehorsam den Gesetzen und Verordnungen des Volkes von Athen und des Rates der Fünfhundert; wenn er im Areopag saß, schwor er beim väterlichen Apoll, bei der Ceres und beim Zeus, daß er seinen Spruch gerecht und den Gesetzen gemäß abgeben werde, oder, wenn das Gesetz stumm war, nach seiner besten Beurteilung, und daß er keine Gaben annehmen würde, noch sollte es einer für ihn tun, noch den bestechenden Gefühlen seiner eigenen Begierden, Vorurteile oder Neigungen nachgeben, noch anderen zu erlauben, ähnliches durch andere Mittel zu tun, weder direkt noch indirekt, um Gerechtigkeit vom Gericht abzuhalten. Und als er durch einen unheilvollen Spruch des gleichen Gerichtshofes selbst verurteilt wurde, weigerte er sich zu entfliehen, auf daß er nicht das Gesetz in Verruf brächte; hielten sich doch die guten Bürger gebunden, sich selbst einem ungerechten Urteil des Staates zu unterwerfen. Er sprach: „Wenn du gewillt bist, ein Richter über andere zu werden, dann bereite dich erst durch Lernen darauf vor, den Gesetzen zu gehorchen."
Konfuzius, der dem Volke Alt-Chinas die großen Gesetze auslegte, welche

vom Finger Gottes in unverwischbaren Zeichen auf den Seiten des blätterreichen Buches der Natur geschrieben sind, wünschte seinem Lande keine andere Wohltat als Gerechtigkeit. Das große Gesetz der Pflicht muß in Menschlichkeit und Gerechtigkeit gesucht werden, jedem das Seine zu geben. Wer sich über den gewöhnlichen Standpunkt der Menschen erhebt, muß frei sein von Vorurteil, Selbsttäuschung und Eigensinn und sich nur von den Befehlen der Gerechtigkeit leiten lassen. Er lehrte, auf vieles zu hören, viel zu überlegen und nichts Unnützes zu reden. Zweifel an der Schuld soll Freispruch sein, und Vermutung der Unschuld soll als fester Beweis gelten.
Moses, der Führer und Gesetzgeber der Juden, war in die Mysterien der alten Ägypter eingeweiht, und aus dieser Weisheit entsprangen die Gesetze, durch welche die Israeliten beherrscht wurden. Er sprach zu seinem Volke: „Du sollst nicht dein Urteil über einen Armen unbilligerweise verdrehen. Du sollst kein Geschenk annehmen, denn das Geschenk blendet den Weisen und verderbt die Worte des Gerechten. Ihr sollt kein Unrecht tun im Richten; nicht die Person des Armen berücksichtigen, noch die des Mächtigen verehren. Ihr sollt die Kleinen wie die Großen anhören, denn Gottes ist das Gericht."
Und die Stimme des Erhabensten unter den Menschen, den die ganze Christenheit für den größten Gesetzgeber hält, der je unter Menschen gelebt, spricht: „Wenn ihr nicht den Menschen ihre Sünden vergebt, wird auch euer himmlischer Vater euch eure Sünden nicht vergeben. Aber wenn ihr den Menschen ihre Sünden vergebt, dann wird euch euer himmlischer Vater auch vergeben. Mit welchem Gericht ihr richtet, mit dem sollt auch ihr gerichtet werden, und mit welchem Maß ihr messet, mit dem sollt auch ihr gemessen werden.
Wenn dein Bruder gegen dich sündigt, gehe hin und sage zu ihm sein Unrecht

zwischen dir und ihm allein. Wenn er dich anhört, hast du deinen Bruder gewonnen. Urteile nicht nach dem Ansehen, sondern gib ab gerechtes Urteil.
Wenn dein Bruder gegen dich sündigt, tadle ihn, und wenn er bereut, vergib ihm; und wenn er siebenmal am Tage gegen dich sündigt und sich siebenmal am Tage an dich wendet und sagt: ich bereue, dann sollst du ihm siebenmal vergeben. Selig sind die Barmherzigen, denn ihnen wird Barmherzigkeit widerfahren."
Wenn wir als Richter über andere gesetzt sind, müssen wir daran denken, daß wir Menschen sind und als solche irren; daß die, welche anderer Meinung sind, ebenso ehrlich auf der ihrigen bestehen, wie wir auf der unsrigen. Wir haben kein Recht, anderer Aufrichtigkeit in Zweifel zu ziehen oder zu verwerfen. Wir müssen uns hüten, die Meinungen anderer herb von uns zu weisen, welche wir nach besserer Erfahrung und tieferer Überlegung eines Tages uns zu eigen zu machen Veranlassung haben könnten.
In jeder Sache, die dem Urteil eines Freimaurers unterbreitet wird, sei die Angelegenheit oder die Person maurerisch oder profan, muß er geduldig und leutselig auf Rede und Gegenrede hören, ruhig und reiflich überlegen, bedachtsam erwägen, unparteiisch entscheiden und keinen anderen Einflüssen Raum geben, als denen der Gerechtigkeit, der Milde und der Gnade. Die Strafe muß immer im Verhältnis zum Vergehen stehen; die einen dürfen nicht für Taten bestraft werden, für welche andere nicht einmal zur Rechenschaft gezogen werden. Auch beim Verurteilen muß man sich vor jeder Leidenschaft hüten und immer im Gedächtnis behalten, daß es in der Freimaurerei keine rachsüchtige Gerechtigkeit gibt.
Freimaurer haben mit der Waage der Gerechtigkeit die Umstände und das

Gesetz zu wägen, aber niemals in die eine Schale persönliche Freundschaft, in die andere persönliche Feindschaft zu legen, weder Furcht noch Begünstigung. Wenn jedoch bei dem Frevelnden keine Hoffnung auf Besserung mehr zu erwarten ist, dann müssen wir ohne Gnade mit dem Schwert der Gerechtigkeit züchtigen, stets eingedenk, daß, wie wir hier unten richten, wir hernach von dem Einen gerichtet werden, welcher nicht wie ein irdischer Richter der traurigen Notwendigkeit unterworfen ist, auf die Motive und Absichten der Menschen aus dem ungewissen und oft unsicheren Zeugnis ihrer Handlungen und Worte zu schließen, gleichwie Menschen mit ausgestreckten Händen in tiefer Dunkelheit ihren Weg suchen, sondern vor dem jeder Gedanke, jedes Gefühl, jeder Antrieb und jede Absicht der Seele offen und sichtbar daliegen.

Winkelmaß und Zirkel, Wasserwaage und Senkblei sind einem Freimaurer wohl bekannt; als einem Richter schärfen sie ihm ganz besonders Aufrichtigkeit, Unparteilichkeit, sorgsames Erwägen der Taten und Umstände, Genauigkeit im Urteil und Einheitlichkeit im Entscheiden ein. Als Richter hat der Freimaurer winkelrechte Arbeit zu liefern. Wie ein nach dem Senkblei errichteter Tempel darf er weder nach der einen Seite noch nach der anderen hinneigen, gleich einem wohlgebauten und ausgerichteten Haus, muß er fest und standhaft in seiner Überzeugung von Recht und Gerechtigkeit bleiben. Wie der durch den Zirkel beschriebene Kreis, hat er wahr zu sein.

Er hat sein eigenes Herz zu prüfen und es anzuleiten und sorgfältig über sein Tun zu wachen, auf daß er nicht abirre. Wenn er in seinem Herzen Übelwollen und Eifersucht beherbergt, wenn er in ihm Unduldsamkeit und Heuchelei Aufnahme gewährt und wenn er Freundlichkeit und gütige Zuneigung schroff von sich weist, wenn er dem einen sein Herz öffnet und vor dem

anderen seine Tore verschlossen hält, dann ist es Zeit für ihn, seinen eigenen Tempel in Ordnung zu bringen, oder er trägt den Namen und die Abzeichen eines Freimaurers umsonst.
Überall in der Welt gibt es Naturgesetze, eine beständige Form der Aktion, welche der Natur der Dinge, der Beschaffenheit des Universums anzugehören scheinen. Dies ist eine allgemeine Tatsache. In den verschiedenen Abteilungen der Freimaurerei benennen wir diese Form der Aktion mit verschiedenen Namen, wie das Gesetz der Natur, das Gesetz der Vernunft, das Sittengesetz usw. Wir verstehen darunter eine gewisse Art von Aktion, welche den materiellen, den sinnlichen oder den sittlichen Kräften anhaftet, und die Weise, in welcher sie sich allgemein oder in idealer Weise auswirken sollen.
Das ideale Gesetz der Materie kennen wir nur aus der Tatsache, daß es immer befolgt wird. Für uns ist der wirkliche Gehorsam der alleinige Beweis des idealen Gesetzes; in bezug auf die Führung der materiellen Welt sind das Ideale und das Reale gleich. Die Gesetze der Materie lernen wir nur durch Beobachtung und Versuche erkennen. Bevor Versuche angestellt wurden, konnte niemand vorhersagen, daß die Geschwindigkeit eines zur Erde fallenden Körpers sich von Sekunde zu Sekunde im Quadrat erhöht. Keine Form der Aktion in unserem Bewußtsein sah dieses Gesetz der Aktion in der äußeren Welt voraus. Das gleiche gilt für alle Gesetze der Materie. Das ideale Gesetz ist bekannt, weil es Wirklichkeit ist; das Gesetz ist gebieterisch, ihm muß ohne Zögern gehorcht werden. Gesetze der Kristallisation, Gesetze der Verhältnisse in chemischen Zusammensetzungen, für keines davon gibt es Abweichungen oder Schwingungen im Raum. Nur der primäre unendliche Wille Gottes wirkt in der Welt der Materie, aber kein sekundärer endlicher Wille.

Es gibt keine Ausnahmen in dem großen allgemeinen Gesetz, wonach Atom sich mit Atom verbindet, nur durch das Mikroskop sichtbar, Kreis mit Kreis und System mit System; es gibt nur Einheit in der Welt der Dinge, und dieses Weltensystem rundet sich zu einem Universum.
Auf den ersten Blick scheinen Ausnahmen dieses Gesetzes vorhanden zu sein, wie im Wachsen und in der Zersetzung oder in der Abstoßung der Elektrizität, aber zuletzt werden sie als ganz spezielle Fälle des einen großen Gesetzes befunden und wirken auf verschiedene Weise. Die Verschiedenheit in der Auswirkung dieses Gesetzes überrascht zuerst die Sinne, aber zum Schluß setzt die Einheit der Dinge den kultivierten Sinn in Erstaunen. Demnach und im Verhältnis zur Größe unserer Erde sind die Zerstörungen eines Erdbebens weiter nichts als ein Riß, der sich bei trockenem Sommerwetter auf einem Gartenweg bildet.
Ein Schwamm ist porös und hat kleine Räume zwischen seinen festen Bestandteilen. Das Sonnensystem ist noch poröser, weil es größere Zwischenräume zwischen den einzelnen Himmelskörpern aufweist. Das Weltall ist es noch viel mehr mit seinen unendlich erscheinenden Räumen zwischen den einzelnen Systemen, die doch so klein sind im Vergleich mit dem unendlichen Raum, wie jene zwischen den Atomen, die die Masse der kleinsten unsichtbaren Lebewesen bilden, von denen Tausende und Millionen in einem Tropfen Wasser schwimmen.
Es ist immer das gleiche bindende Gesetz, welches die Atome, die Körper, das System und das Universum zusammenhält. Jedes Teilchen der Materie im Universum ist mit jedem und allen Teilchen verbunden. In der geistigen Welt, in der Welt der menschlichen Erkenntnis, gibt es auch ein Gesetz und eine ideale Form für die geistigen Kräfte des Menschen. Dieses Gesetz der Gerech-

tigkeit ist ebenso allgemein und einzig, wie das Gesetz der harmonischen Beziehungen, obgleich wir weit entfernt sind, alle Phänomene der Natur in Übereinstimmung bringen zu können. Die Lerche hat nach unseren Begriffen das gleiche Recht zu leben, zu singen, nach Wohlgefallen durch die Luft zu fliegen, wie der Habicht es hat, seine starken Schwingen im Sonnenschein auszubreiten, und doch stürzt sich der Habicht auf die harmlose Lerche und verschlingt sie, wie jene den Wurm verzehrt und dieser Wurm wieder die kleinsten Lebewesen. So weit unsere Erkenntnis reicht, gibt es nirgends und in keinem künftigen Stadium tierischen Daseins einen Ausgleich für diese anscheinenden Ungerechtigkeiten. Bei den Bienen regiert eine einzige, während die anderen gehorchen, einige arbeiten, während die anderen nichts tun. Bei den Ameisen nähren sich die Soldaten aus dem Ertrag des Fleißes der Arbeitenden. Der Löwe liegt auf der Lauer und verschlingt die Antilope, welche wahrlich ein ebenso gutes Recht hat zu leben wie er. Unter den Menschen herrschen einige, andere dienen. Das Kapital befiehlt, und die Arbeit gehorcht. Die eine Menschenrasse, höher stehend durch ihren Intellekt, nutzt die Kräfte einer anderen, niedriger stehenden aus. Gewiß stehen alle diese verschiedenen Phänomene in Übereinstimmung mit einem großen Gesetz der Gerechtigkeit, und die Schwierigkeit ist, daß wir dieses Gesetz nicht verstehen und ohne Zweifel nicht verstehen können. Für einen verträumten und schwärmerischen Theoretiker ist es leicht zu sagen, es sei höchst ungerecht, daß der Löwe das Rotwild frißt, der Adler den Zaunkönig zerreißt und verspeist; aber wir kennen keinen anderen Weg, auf welchem nach dem Bau und dem Organismus, welche Gott ihnen gegeben, der Löwe und der Adler sich am Leben zu erhalten imstande wären. Unser kleiner Maßstab für Gesetzlichkeit ist nicht Gottes Maßstab. Seine Gerechtigkeit verlangt von uns nicht, die Millionen Schwerarbeitenden von aller Arbeit zu erlösen oder Dienende, für die Freiheit nicht reif, aller Kontrollen zu entziehen. Es unterliegt keinem Zweifel: auf dem Grund aller dieser kleinen Seifenblasen, wie sie das Leben, die Wünsche, das Wollen und die Pläne dieser verträumten menschlichen Wesen auf der Erde sind, sitzt die eine und ewig gleiche Macht, welche sie in dieser oder jener besonderen Form erschafft. Und über allem thront die gleiche große Vorsehung, ewig wachsam über die Großen und über die Kleinen, und erzeugt aus der Einheit dieser Macht souveräne Mannigfaltigkeit.

Gerechtigkeit ist das Grundgesetz des moralischen Universums, das Gesetz des Rechts eine Lebensregel für den Menschen. Alle menschlichen Dinge müssen in jeder sittlichen Beziehung diesem höchsten Gesetz unterworfen sein. Was recht ist, stimmt damit überein und bleibt erhalten, während was unrecht ist, mit ihm in Konflikt gerät und verschwinden muß. Die Schwierigkeit dabei ist wiederum, daß wir unsere Erkenntnis von Recht und Unrecht in das Gesetz der Gerechtigkeit einzufügen versuchen und darauf beharren, daß Gott dieses als Sein Gesetz annehmen soll, anstatt uns zu bemühen, durch Beobachtung und Nachdenken zu lernen, was Sein Gesetz ist, und dann zu glauben, daß dieses Sein Gesetz mit Seiner unendlichen Gerechtigkeit im Einklang steht, ob es nun mit unserer geringen Erkenntnis von Gerechtigkeit übereinstimmt oder nicht. Wir sind immer zu gescheit in unserer Einbildung und gehen immer darauf aus, unsere beschränkte Erkenntnis als das universale Gesetz Gottes zu verordnen. Es dürfte für den Menschen schwierig sein, selbst nur zu seiner eigenen Genugtuung zu beweisen, ob es recht oder gerecht ist, das Pferd oder den Ochsen seinem Dienst zu unterwerfen und ihm dafür nur sein tägliches Futter zu geben, welches Gott für sie

auf allen grünen Matten und Auen der Erde wachsen läßt. Oder sollte es recht sein, daß wir das harmlose Wild schießen und verzehren, das nur das grüne Kraut, die Knospen und die frischen Blätter abweidet und das frische rauschende Wasser säuft, das Gott für alle geschaffen hat; oder die sanfte Taube, das unschuldige Lamm, die vielen anderen Lebewesen, welche sich so vertrauensvoll unter unseren Schutz stellen?
Der große allgemeine Plan und das große System der scheinbar sich widersprechenden Gesetze bewirken beständig das, was für unsere begrenzte Erkenntnis Recht und Unrecht ist, was die Menschen bisher zu ihrer eigenen Befriedigung nur durch Hypothesen einer anderen Existenz erklären konnten, in der alle Ungleichheiten und Ungerechtigkeiten in diesem Leben ausgeglichen werden. Nach unseren Begriffen von Gerechtigkeit ist es sehr unrecht, daß das Kind durch Mißgestaltung oder organische Krankheit für sein Leben elend sei infolge der Laster seines Vaters, und dennoch ist es ein Teil des Universalgesetzes.
Die Alten sagten, die Kinder würden für die Sünden ihrer Väter heimgesucht; wir sagen, ihre Mißgestalt und Krankheit seien die Folgen der Ausschweifungen ihrer Väter, aber soweit es die Frage von Gerechtigkeit und Ungerechtigkeit betrifft, so ist dies mehr ein Wortspiel.
Es ist sehr leicht, einen allgemeinen, umfassenden Grundsatz aufzustellen, der unsere eigene Idee von dem, was absolute Gerechtigkeit ist, einschließt, und darauf zu bestehen, daß alles sich danach richten soll. Es ist sehr leicht zu sagen, alle menschlichen Angelegenheiten müßten dem als oberstem Gesetz unterworfen sein, und was recht ist, nur damit übereinstimmen und bestehen, und was unrecht ist, nur damit in Widerstreit geraten und vergehen kann. Persönliche Zusammenhänge wie Eigenliebe, Freundschaft, Vaterlandsliebe

müßten alle dieser universalen Gravitation unterworfen sein nach dem ewigen Recht.
Die Schwierigkeit aber ist, daß in diesem Universum von Notwendigkeiten, von Folgen, von Ursachen und Wirkungen, von aus dem Tod erstandener Leben dieses endlose Aufeinanderfolgen und Anhäufen von Grausamkeiten sich nicht in einen solchen absoluten Grundsatz oder in eine willkürliche Theorie einfügen läßt, ganz gleich, in welch tönende Worte und sprudelnde Phrasen sie eingekleidet sein mag.
Unausführbare sittliche Regeln sind stets schädlich, denn wirkliche Tugenden werden, weil sie von niemandem befolgt werden können, in eingebildete Verfehlungen gegen ein erdichtetes Gesetz verdreht. Es ist sehr bequem, etwas, was sich nicht der eng umgrenzten menschlichen Erkenntnis unterwerfen läßt, als widernatürlich zu bezeichnen. Natur ist der Ausfluß göttlichen Willens und göttlicher Macht. Wohl stoßen wir überall in der Natur auf Gegensätze, auf das Gute und das Böse; dieser Antagonismus, eingeführt in die Welt durch die Geister des Guten und des Bösen, steht nicht im Widerstreit mit Seinem göttlichen Willen, wie es der Fall sein müßte bei etwas, das dem göttlichen Willen oder der Natur feindlich gegenübersteht und mit ihr im Kampfe liegt. Dieses widernatürliche Etwas könnte also nicht ein Ausfluß göttlichen Willens sein, sondern müßte von einem Wesen hervorgerufen worden sein, das mit dem Höchsten Wesen in Widerstreit steht, und folglich dem göttlichen Willen und der Natur feindlich entgegentritt. Ein solches Wesen gibt es aber nicht.
Es ist freimaurerische Erkenntnis, daß niemand weise ist, der nicht gütig und höflich ist; liebreich in der Beurteilung menschlicher Beweggründe, mild und barmherzig und mißtrauisch gegen seine Fähigkeit, den Verlockungen und

Versuchungen und dem mächtigen Einfluß von Vorurteil und Leidenschaft zu widerstehen. Freimaurer haben stets den Bund zu vertreten, seine Würde zu erhalten, seine Verfassung zu bewahren und nach seinen Gesetzen zu handeln. Und alles dies ist der Treue anheimgestellt, weder unterwürfig noch knechtisch, noch hochmütig und herrisch, sondern stets im Gedächtnis, daß „quod non vetat lex, hoc vetat fieri pudor". Wenn es des Gesetzes Buchstabe nicht verbietet, so ist es oft von Schicklichkeit und Tauglichkeit untersagt.
Gerechtigkeit, wie sie unter den Menschen und den Tieren besteht, ist jene, welche unter und nach den von Gott geschaffenen, zwischen ihnen und der ganzen Masse der sie umgebenden Umstände bestehenden Beziehungen gut, recht und zur Ausführung geeignet ist sowohl im Hinblick auf die allgemeinen wie auch auf die individuellen Interessen. Es besteht kein theoretischer Grundsatz, nach welchem diese Beziehungen zu prüfen, zu billigen oder zu verwerfen sind.
Gott hat dieses große System des Weltalls und dessen allgemeine Gesetze geschaffen. Diese Gesetze umgeben alles, was lebt, mit einem mächtigen Netz von Notwendigkeiten. Es war Sein Wille, den Tiger mit solchen Organen zu erschaffen, daß er nicht Gras fressen kann, sondern andere Nahrung verzehren oder Hungers sterben muß. Er hat auch den Menschen als einen Fleischverzehrer geschaffen, und der kleinste Singvogel verhält sich ebenso wie Mensch oder Tiger. Jeder Schritt, den wir machen, jeder Atemzug verursacht die Vernichtung einer Menge Lebewesen – jedes, wie klein auch, ein lebendiges Geschöpf wie wir selbst.
Unter den Menschen hat Er eine Teilung der intellektuellen und moralischen Arbeit und der verschiedenen Beziehungen von Geselligkeit und Abhängigkeit, von Gehorsam und Aufsicht zueinander errichtet. Was so als Natur-

notwendigkeit geschaffen wurde, kann nicht ungerecht sein. Dabei muß jedoch die Legalisierung und Ungerechtigkeit sowie das Unrecht unter der Ausrede der Naturnotwendigkeit vermieden werden.
Aus allen Beziehungen im Leben erwachsen Pflichten, so natürlich und unleugbar, wie die Blätter auf den Bäumen wachsen. Wenn wir durch das Gesetz der Notwendigkeit das Recht haben, das Lamm zu schlachten, um es für unseren Unterhalt zu genießen, so haben wir kein Recht, es dabei zu .quälen, denn dies ist in keiner Weise notwendig. Wir haben das Recht, in gebührender Weise zu leben durch den gesetzmäßigen Gebrauch unserer Fähigkeiten und die starken Arme anderer zu mieten oder zu erkaufen, um unser Feld zu pflügen oder in unseren Betrieben zu arbeiten, aber wir haben kein Recht, sie auszubeuten.
Der Mensch soll nicht nur das moralische Gesetz der Gerechtigkeit kennenlernen; jenes Gesetz des Rechts, welches uns durch Erfahrung und Beobachtung erkennen läßt, daß Gott uns ein sittliches Gesetz, unser Gewissen, verliehen hat, welches dieses Gesetz direkt und unmittelbar durch andauerndes Empfinden wahrnehmen kann, sondern der Mensch besitzt in seiner Natur auch eine Lebensregel, höher als er je erreichen kann: ein Naturideal, das Schande auf seine wirkliche Geschichte bringt, weil der Mensch immer geneigt war, Notwendigkeit, d. h. seine eigene Notwendigkeit oder die der Gesellschaft, als eine Ausrede für Ungerechtigkeiten zu gebrauchen. Aber dieser Gedanke darf nicht zu weit getrieben werden. Denn wenn wir diese Idealität für Realität setzen, dann wäre es ebenso wahr, daß wir in uns einen idealen Maßstab für Recht und Unrecht hätten. Wir verabscheuen den Tiger und den Wolf wegen der Raub- und Blutgier, die in deren Natur liegen; wir empören uns gegen das Gesetz, nach welchem die krummen

Glieder und der kranke Organismus eines Kindes die Frucht von seiner Eltern Sünden sei. Wir meinen, daß ein Gott, allmächtig und allwissend, kein Leid, keine Armut, keine Knechtschaft zulassen dürfe. Unser Ideal von Gerechtigkeit ist erhabener als Gottes Wirklichkeit.
Er gab uns aber diesen moralischen Sinn für weise und mildtätige Zwecke; wir nehmen dies an als einen bezeichnenden Beweis für die der menschlichen Natur innewohnende Erhabenheit, daß durch sie ein so hohes Ideal erreicht werden kann, und wir müssen uns bemühen, zu dieser Höhe zu gelangen, so weit wir es in Übereinstimmung mit den Beziehungen, die Er geschaffen, und den Umständen, die uns umgeben und eingeschlossen halten, tun können.
Wenn wir getreulich die Fähigkeit des Gewissens gebrauchen, wenn wir diese Fähigkeit auf die bestehenden Verbindungen und Umstände anwenden, so enthüllen wir dies Ideal und alle seine gütigen Mächte und leiten die Pflichten daraus ab, welche aus den Verbindungen und Umständen, durch sie beschränkt und gemäßigt, hervorgehen und für uns bindend werden; dann lernen wir Gerechtigkeit, das Gesetz des Rechts, diese göttliche Ordnung im menschlichen Lebensablauf.
Aber wenn wir es unternehmen, die Art der Tätigkeit, welche zu der unendlichen, vollkommenen Natur Gottes gehört, zu erklären und zu bestimmen und ein ideales Gesetz jenseits jeder menschlichen Reichweite aufzustellen, dann kommen wir bald dahin, Sein Werk und die Verbindungen, welche es Ihm in Seiner unendlichen Weisheit zu erschaffen gefiel, zu verurteilen.
Ein Gefühl für Gerechtigkeit gehört zur menschlichen Natur und ist ein Teil von ihr; der Mensch kann ein tiefes und andauerndes Vergnügen an Gerechtigkeit finden nicht nur in ihrer äußerlichen Wirkung, sondern auch in ihrer inneren Ursache, und durch seine Natur vermag er dieses Gesetz des Rechts

zu lieben; welch vernünftige Lebensregel: Gerechtigkeit mit einer tiefen, bleibenden Liebe. Gerechtigkeit ist der Zweck des Gewissens und paßt sich ihm an, wie das Auge dem Licht und die Sinne der Wahrheit. Gerechtigkeit unterhält und erhält die richtigen Beziehungen unter den Menschen; sie hält die Waage zwischen den Nationen, zwischen dem Mann und seiner Familie, seinem Stamm, seiner Natur und seiner Rasse, so daß sein absolutes Recht und das ihrige sich nicht verwirren, noch ihrem endlichen Interesse je widerstreiten, noch die internen Interessen des einen sich denen des anderen oder irgendeines anderen als feindlich erweisen. Das müssen wir glauben, wenn wir an die Gerechtigkeit Gottes glauben. Wir müssen jedermann Gerechtigkeit widerfahren lassen und von jedem verlangen; sie ist eine allgemeine menschliche Schuld, eine allgemeine menschliche Forderung. Aber wir können uns sehr irren, wenn wir erklären, was Gerechtigkeit ist. Die zeitweiligen Interessen und was nach menschlichem Ermessen der Rechte viele sind, kommen oft in Konflikt und Widerstreit. Das Lebensinteresse eines einzelnen kämpft oft mit den dauernden Interessen und der Wohlfahrt der Gesellschaft; was das natürliche Recht einer Klasse oder Rasse zu sein scheint, steht oft dem der anderen entgegen.

Es ist nicht ehrlich zu sagen, daß ein Mann nicht geopfert werden dürfe; dies ist nicht nur eine Täuschung schlechthin, sondern zugleich eine sehr gefährliche. Oft muß ein Mensch oder müssen Menschen geopfert werden im Interesse vieler. Es ist ein bequemer Trost der Selbstsüchtigen; denn wenn sie durch das Gesetz der Gerechtigkeit für das allgemeine Wohl geopfert werden können, dann hat ihr Land kein Recht, von ihnen Selbstaufopferung zu verlangen, und der wäre dann ein Narr, der sein Leben wegwürfe oder seinen Besitz opferte, um die Sicherheit und das Glück eines

Landes zu sichern. Gemäß dieser Doktrin wäre Christus ein Narr, Leonidas ein Idiot gewesen. Dann kann nicht mehr verlangt werden, daß der gemeine Soldat den Hieb oder Stoß mit seiner Brust auffängt, der sonst das Leben des Heerführers getroffen hätte, von dessen Schicksal die Freiheit des Landes und das Wohlergehen von Millionen noch Ungeborener abhängt. Im Gegenteil es ist sicher, daß Notwendigkeit in allen menschlichen Angelegenheiten herrscht, und daß das Interesse, ja selbst das Leben eines Menschen oft geopfert werden muß im Interesse und zur Wohlfahrt seines Landes. Manche müssen verlorene Hoffnung wieder erwecken. Der Missionar muß unter die Wilden gehen und sein Leben aufs Spiel setzen; der Arzt muß sich der Gefahr der Ansteckung schwerer Krankheiten aussetzen zum Wohle seiner Mitmenschen. Der Matrose im schwankenden Boot auf weitem Ozean, dem brennenden sinkenden Schiff entflohen, muß sich den gefährlichen Gewässern überliefern, wenn dadurch das Leben der Passagiere gerettet werden kann durch das Hinopfern des seinen. Die Masse der Menschen sieht immer nach dem aus, was recht ist; der ganz große Apparat, der einen Staat, eine Welt von Staaten ausmacht, ist von seiten des Volkes ein Versuch, nicht diese ideale Gerechtigkeit, welche Gottes Gebot tadelt, zu organisieren, sondern jene praktische Gerechtigkeit, welche durch die gegenwärtige Organisation auf Erden erreicht werden kann. Der kleine, aber weitverzweigte bürgerliche Apparat, der die Gesetze macht und die Gerichte mit all ihren Beamten und Einrichtungen bestellt, ist hauptsächlich ein Bestreben, die Theorie des Rechts in die Praxis zu übertragen.
Verfassungen entstehen, um eine Gerechtigkeitsbasis aufzubauen. Urteile der Gerichtshöfe werden aufgezeichnet, damit sie Richtern in der Zukunft zu besseren Entscheidungen verhelfen. Die Nation ist bestrebt, geachtete Männer

im Staate zusammenzubringen, damit ihre Rechtsbetrachtungen gemeinsam in logische Verordnungen münden.
Das Volk verlangt, daß das Gesetz mit Gerechtigkeit verschmolzen und ohne Leidenschaft gehandhabt wird. In wildester Zeit gab es eine Volksjustiz, stets mit Leidenschaft ausgeübt und mit Haß gehandhabt, denn Gerechtigkeit nimmt bei rauhen Menschen rauhe Formen an und ist bei zivilisierten Gemeinden weniger mit Haß und Leidenschaft vermischt. Jeder fortschrittliche Staat revidiert deshalb seine Gesetze und ändert von Zeit zu Zeit seine Verfassung und versucht, dadurch immer enger sich der höchstmöglichen praktischen Gerechtigkeit und dem Recht anzuschließen.
Gelehrte schauen stets aus nach praktischer Gerechtigkeit und verlangen, daß Tugend ihre eigene Belohnung und Laster seine gebührende Bestrafung finden solle.
Doch niemand ist so gerecht, wie sein eigener Begriff von möglicher und positiver Gerechtigkeit. Seine Leidenschaften und seine Bedürfnisse lassen ihn stets unter sein eigenes Ideal sinken. Die ideale Gerechtigkeit, zu welcher die Menschen aufblicken und sich zu erheben suchen, ist wahrhaft, kann aber in dieser Welt nicht realisiert werden. Doch müssen wir uns ihr weitgehend nähern, wie wir es mit jener idealen Demokratie tun sollten, welche den Augen von ernsten und religiösen Männern vorschwebt, reiner als Platons Republik oder Moses Utopie oder das goldene Zeitalter; nur ist dabei zu beachten, daß wir beim Versuch, das unmögliche Ideal zu erreichen, nicht unterlassen, das möglich-praktische zu ergreifen und festzuhalten. Nach dem Höchsten zu streben, aber mit dem Bestmöglichen zufrieden zu sein, ist die einzige wahre Weisheit. Auf dem absoluten Recht zu bestehen und das wichtige und alles kontrollierende Element der Bedürf-

nisse aus der Berechnung auszuschalten, wäre die Torheit eines Phantasten.
Wir erwarten nicht, daß es eine Zeit geben wird, in der keine Bedrückung, kein Mangel, keine Knechtschaft, keine Menschenfurcht, sondern nur Liebe gefunden wird. Dies kann nie der Fall sein, solange es niedere Instinkte, Nachsicht gegen Laster, Unvorsichtigkeit, Unduldsamkeit, schreckliche Heimsuchungen durch Krankheiten, Krieg und Hungersnot und verheerende Naturereignisse gibt, die die Menschen der Not, der Knechtschaft, dem Leid, dem Mangel und der Furcht überliefern.
Aber der Pflug der Gerechtigkeit wird stets durch die Felder der Erde gezogen werden, wodurch die wilden Pflanzen und das Unkraut ausgejätet werden; stets sehen wir einen fortschreitenden und dauernden Triumph des Rechts.
Was Gerechtigkeit ist, verstehen wir durch Betrachtung besser, als wir es zu beschreiben vermögen. Eine Definition müßte trügerisch sein. Oft würde es der Gesellschaft gegenüber ungerecht sein, etwas zu tun, was unter Wegfall dieser Rücksichtnahme für den einzelnen als gerecht anzuerkennen ist.
Allgemeine Richtlinien für Menschenrechte, dies oder das zu tun, sind immer irreführend, und nur zu oft würde es für den einzelnen selbst höchst ungerecht sein, etwas zu tun, was die Theoretiker als recht aufstellen würden.
Wir sollten immer anderen das tun, was wir selbst unter gleichen Verhältnissen und Umständen wünschen, daß es uns geschehe.
Es gibt viele, sich immer wiederholende Fälle, in denen ein Mensch vorzugsweise für sich sorgen muß, so z. B., wenn zwei um den Besitz einer Planke kämpfen, welche den einen von ihnen retten kann, beide aber nicht zu tragen vermag. So muß man auch die Sicherheit des Vaterlandes über das Leben seiner Feinde stellen und es mitunter vor dessen eigenen unschuldigen Bewohnern sichern.

Auf dem Rückzug darf ein Heerführer eine Brücke hinter sich sprengen, um die Verfolger aufzuhalten und sein Heer zu retten, wenn er auch dabei eine Abteilung seiner eigenen Streitkräfte dem sicheren Verderben preisgeben muß.

Dies sind keine Abweichungen von Gerechtigkeit, wenn auch in diesen wie in anderen Fällen, wo die Schädigung oder der Tod eines einzelnen die Rettung vieler bedeutet, wo das Interesse einer einzelnen Klasse oder Rasse hinter dem des Volkes oder einer überlegenen Rasse zurückzutreten hat, wohl mancher Schwärmer für ideale Gerechtigkeit und Gesetze sich verletzt fühlen mag.

Ungerechtigkeit, öffentliche oder private, zieht unvermeidlich ihre Folgen nach sich. Der selbstsüchtige, habsüchtige, der unmenschliche, der betrügende Ungerechte, der knauserige Arbeitgeber und der grausame Meister sind dem Herzen des Volkes verhaßt, während der gütige Meister, der freigebige Arbeitgeber, der Edle, der Gerechte und der Menschenfreund in gutem Ruf bei allen steht, und selbst Neid ist ein Tribut an ihre Tugenden. Ehre allen, welche für Recht und Wahrheit einstehen und nie zurückweichen.

Unsere Ansichten über das abstrakte Recht mögen wohl auseinandergehen, denn jede dieser Fragen hat viele Seiten und wenige betrachten sie alle, manche nur eine davon. Aber wir alle erkennen bereitwillig Grausamkeit, Unredlichkeit, Unmenschlichkeit, Parteilichkeit, Übervorteilung und Bedrückung an ihren häßlichen, leider allzu vertrauten Zügen. Wir haben nicht nötig, als Gerichtshof über Irrtümern zu sitzen, um Gottes Vorsehung durchzusehen und umzustoßen, damit wir sie erkennen, hassen und verachten können.

Es gibt gewiß große Übel der Zivilisation, und viele Fragen der Humanität werden hinausgeschoben und verzögert. Der häßliche Anblick der Armut, der

Tiefstand und das Laster in unserer Welt sprechen zu uns in ihrer stummen Sprache oder in unartikulierten Lauten, daß der Reiche und der Mächtige und der Intellektuelle nicht seine Pflicht erfüllt gegenüber dem Armen, dem Schwachen und dem Ungebildeten.
In menschlichen Angelegenheiten muß sich höhere Gerechtigkeit durch menschliche Mittel auswirken. Die Menschen sind die Werkzeuge zur Verwirklichung der höheren Grundsätze. Unsere Sittlichkeit ist das Werkzeug größter Gerechtigkeit, welche, unverständlich, in unserem kleinen Gesichtskreis oft Ungerechtigkeit hervorzubringen scheint. Alle Gerechtigkeit, die wir zur Reife bringen, wird uns hier und hiernach segnen, und bei unserem Tode lassen wir sie zurück als Zugabe zu dem gemeinsamen Vorrat menschlicher Güte.
Jeder Freimaurer, der bestrebt ist, das zu tun, was möglich und praktisch, Gerechtigkeit übt und erzwingt, trägt dazu bei, die Ader, in welcher Gerechtigkeit fließt, zu verstärken, und so werden die Trümmer des Bösen, welche jetzt den Strom hemmen und verstopfen, desto eher weggeschwemmt und fortgeführt werden von der rastlosen Flut des allmächtigen Rechts.

REGISTER

Adonai: die Pluralform des hebr. Wortes Adon; Herr mit dem Pronominalsuffix – mein. Gebetsanrede an Gott.

Adonis: Naturgott in Byblos und Zypern verehrt. Die Adonisfeier, welche sich besonders auf den von der Aphrodite betrauerten Tod des schönen Jünglings bezog, wurde alljährlich im Hochsommer begangen.

Aeonen: bei den Gnostikern die Kräfte, welche vor aller Zeit aus Gott ausgeströmt sind und als Substanzen, als Geister existieren.

Ahriman: Der Name des im Avesta Anra-Mainju genannten bösen Prinzips in der Religion Zoroasters. Er ist im jüngeren Avesta der Gegner Ormuzds, der Oberste der Teufel, der Vater der Lüge, die Quelle des Bösen. Im älteren Teil der Avesta ist er nur das böse Prinzip, im Gegensatz zu Sponta-Mainju, dem heiligen Geist Ormuzds, dem guten Prinzip.

Alfarabius: (Abu Nasr Mohammed) aus Fara, einer der größten arabischen Philosophen in der zweiten Hälfte des 9. Jahrhunderts. Starb 950 in Damaskus.

Amon: der ägyptische Name der Ortsgottheit von Theben. Ursprünglich Gott der Fruchtbarkeit und Zeugung, später als Lichtgott aufgefaßt.

Anthropomorphismus: Auffassung des Nichtmenschlichen, insbesondere Gottes, als menschenartig. Gegner dieser Auffassung Xenophanes, Spinoza, Häckel.

Anthropopatismus: Die Darstellung Gottes mit menschlichen Eigenschaften; die Übertragung menschlicher Gemütsbewegungen auf die Gottheit. Die Forderung, alles, was im Menschen das Wesen des Geistes ausmacht, auch von Gott auszusagen, dagegen alles, was im Menschen die Endlichkeit seines Geisteslebens ausmacht, von Gott fernzuhalten, ist richtig gestellt, aber unerfüllbar. Die Einsicht, daß wir von Gottes Wirken überhaupt nur auf Grund der religiösen Erfahrung, von seinem Wesen aber nur in Bildern und Gleichnissen reden können, lehrt daher auch die Berechtigung des religiösen Anthropopatismus erkennen.

Anubis: Sohn des Osiris, den dieser in dem Wahne, seine Gemahlin Isis zu umfangen, mit der Nephtys zeugte. Ägyptischer Totengott.

Apis: ägyptisch Hap; heiliger Stier, zu Memphis verehrt.

Apollo: seiner ursprünglichen Naturbedeutung nach der Gott des Sonnenlichtes. Tötet den verderblichen Drachen Python, zeigt sich dadurch als Überwinder der dem Lichte und der sittlichen Weltordnung feindlichen Mächte und wird als Gott des reinen Sonnenlichtes zum Repräsentanten und Schützer aller Reinheit und Klarheit auf geistigem und sittlichem Gebiet. Als Gott der geistigen Erleuchtung ist er auch der Gott der Weissagung.

Apollonius von Tyana: griechischer Philosoph des 1. Jahrhunderts nach Chr. Neupythagoräer, durchwanderte als Lehrer, Prophet und Wundertäter den Osten des römischen Reiches.

Aristophanes von Byzanz: griechischer Grammatiker, 233–180 v. Chr. Größter Philosoph des Altertums.

Aristoteles von Stageira: griechischer Philosoph, 384–322 v. Chr. Schüler des Plato, gründete in Athen die peripathetische Schule.

Arius: aus Libyen gebürtig, seit 313 Presbyter in Alexandrien. Stifter der Arianer. Gest. 336 n. Chr.

Athenagoras: Apologet aus Athen, christl. platon. Philosoph des 2. Jahrhunderts n. Chr.

Atys (Attis): ein in Phrygien einheimisches göttliches Wesen. In den Mysterien der Kybele wird sein Tod in orgiastischen Bräuchen beklagt und sein Wiederaufleben gefeiert am 22.–25. März.

Baldr (neuisländisch Baldur): Sohn Odins und der Frigg. Lichter, freundlicher Gott der alten Skandinavier; ursprünglich Tages- und Sonnengott, nach der Edda auf Anstiften Lokis von seinem blinden Bruder Hödur erschlagen.

Bardesanes: der Syrer, geb. 154 n. Chr. zu Edessa; soll als Missionar nach Armenien gegangen und dort 222 in der Festung Ani bei Lars gestorben sein. Seine Lehre war eine eigentümliche Weiterbildung der älteren syrischen Gnosis; er war der erste syrische Hymnendichter.

Bellerophon: Sohn des Korinthischen Königs Glaukos, wurde auf Anstiften der von ihm verschmähten Antaia von deren Gatten mit einem seinen Tod anbefehlenden Geheimbrief zu lobates gesandt, der ihm auftrug, die Chimära zu töten, was ihm mit Hilfe des Flügelrosses Pegasus gelang.

Brahma: ein Wort der Sanskritsprache, das in der indischen Religionsentwicklung eine große Rolle spielt. Eine göttliche Substanz, das „Eine", „Unvergängliche". Er wurde gedacht als Leiter des Schicksals, als Lehrer der Götter und Regierer der Welt, Verfasser des Veda und bildet später mit Civa und Vishnu eine Einheit, die Trimurti, Dreieinigkeit.

Buddha: geboren um die Mitte des 6. Jahrhunderts v. Chr. in dem begüterten Adelsgeschlecht der Sakja in Kapilavatthu im Nepal, Himalaya. Sein Name war Siddartha. Mit 29 Jahren verließ er Weib und Kind und zog als Bettler in die Welt. 80 Jahre alt starb er in dem Dorfe Beluva um 480 v. Chr. Er war einer unter vielen Lehrern, welche damals gegen den Brahmanismus im östlichen Indien auftraten.

Ceres: altitalische Göttin des Ackerbaues. Griechisch: Demeter.

Chimära: ein feuerspeiendes Ungeheuer in Lykien, versinnbildlicht die vulkanische Beschaffenheit des gleichnamigen Berges.

Chrysor: ein phönizischer Gott der Schmiedekunst und überhaupt aller Erfindungen.

Chrysostomus, Johs.: (d. i. Goldmund, so genannt wegen seiner hinreißenden Beredsamkeit) Patriarch von Konstantinopel; einer der angesehensten Väter der alten Kirche, geb. 347 zu Antiochia. Wandte sich von der Tätigkeit eines Sachwalters bald der Beschäftigung mit den christlichen Lehren zu. Der bedeutendste Kanzelredner des christlichen Altertums.

Cicero, Marcus, Tullius: römischer Staatsmann und Redner, 106–43 v. Chr. Unzweifelhaft der erste Meister der römischen Redekunst.

Clemens von Alexandrien: Titus, Flavius; gest. 220 n. Chr. Griechischer Kirchenvater, altkirchlicher Schriftsteller, viel gereister heidnischer Philosoph, Presbyter und Lehrer an der Katechetenschule in Alexandrien.

Confuzius: Kung-fu-tze; chinesischer Philosoph, dessen Lehren noch jetzt in China herrschen. 551 v. Chr. geboren, führte ein fast ununterbrochenes Wanderleben; sammelte die altehrwürdigen Literaturdenkmäler; seine Lehren beschränkten sich auf das Gebiet der Staats- und Sittenlehre; seine Ethik bilden Menschlichkeit, Rechtlichkeit, Schicklichkeit, Weisheit, Treue und vor allem Pietät und Kindesliebe. Er starb 479 in seinem Heimatstaate Lu.

Cumberland, Richard: englischer Philosoph, geb. 1632 zu London, starb 1719 als Bischof von Peterborough. Er suchte die Moral auf das in der Natur des Menschen gelegene Wohlwollen zu begründen, das durch Beförderung des allgemeinen Glückes auch das eigene befördert.

Daduchos = Fackelträger: Titel des 2. Oberpriesters bei den Mysterien in Eleusia.

Demeter: griechische Göttin des Ackerbaues und der Fruchtbarkeit. Römisch: Ceres.

Demetrius von Phaleron: griech. Philosoph und Rhetor. 350–283 v. Chr. in Ägypten in der Verbannung gestorben. Großer Redner zu Athen, gehörte der peripathetischen Schule an.

Demiourgos: Weltbildner, Weltbaumeister, heißt bei Plato Gott als Bildner der Welt. Bei den Neuplatonikern die Weltenseele. Die Gnostiker nannten so den vom Höchsten Gott unterschiedenen Schöpfer der materiellen Welt und identifizierten ihn mit dem Gott der Juden.

Didimoy (Didima): Ort bei Milet. Im Altertum Sitz des Orakels des Apollo.

Diodorus: griech. Geschichtsschreiber aus Agyrion in Sizilien, daher Siculus genannt. Bereiste einen großen Teil Europas und Asiens.

Dion Chrysostomus: griech. Redner und Philosoph, um 50 n. Chr. zu Brussa in Bethynien geboren, wandte sich der stoischen Schule zu. Machte große Reisen, lebte dann in Rom. Gestorben 117 n. Chr.

Dionysos: (Bakchos, lat. Bacchus) ein ursprünglich thrazisch-phrygischer Gott. Er ist der Geist des Wachstums, die Kraft, welche das Hervorsprießen der jungen Pflanzen bewirkt; wohnt in der Blume, dem Baume, besonders im niemals verwelkenden Efeu. Den Sagen vom Leiden und Sterben des Gottes und seiner Rückkehr ins Leben liegt das Werden und Vergehen der Vegetation im Laufe des Jahres zugrunde.

Enoch = Henoch: vorsintflutlicher Patriarch, soll vor dem Ende der Welt wiederkommen und den Heiden predigen.

Epiktetos: stoischer Philosoph der 2. Hälfte des 1. Jahrhunderts n. Chr. Zu Hieropolis in Phrygien geboren. Freigelassener in Rom, 94 nach Nikopolis in Epirus verbannt. Er lehrte Duldsamkeit und Enthaltsamkeit und auf nichts einen Wert zu legen, was nicht in der eigenen Gewalt des Wollenden steht.

Erathostenes: geboren 275 v. Chr. zu Kyre, gestorben 195. Leiter der Bibliothek in Alexandrien. Feinsinniger Dichter und ausgezeichneter Grammatiker. Besonders verdient um Geographie, Astronomie und Chronologie.

Essener = Essäer: jüdische asketische Gemeinschaft, die zuerst um 150 v. Chr. vorkommt, bildete einen sich vom Volkskörper isolierenden Geheimbund, eine Art Mönchsorden mit völliger Gütergemeinschaft. Diesem Bunde soll Jesus von Nazareth nahegestanden haben.

Euklides: griechischer Mathematiker, studierte zu Athen in der platonischen Schule und begann um 300 v. Chr. in Alexandrien Mathematik öffentlich zu lehren.

Firmicus-Maternus, Julius: lateinischer Schriftsteller des 4. Jahrhunderts n. Chr. aus Syracus. Um dieselbe Zeit verfaßte ein gleichnamiger christlicher Autor eine an die Söhne Konstantins gerichtete Schrift, worin die Kaiser zur völligen Ausrottung des Heidentums aufgefordert werden.

Geber (Latn.) = Abu Abdallah Dschabir ibn Hajjan: einer der bedeutendsten Vertreter der Naturwissenschaften im Mittelalter. Geboren im Anfang des 8. Jahrhunderts, starb 776.

Gesenius, Wilhelm: berühmter deutscher Orientalist und Bibelkritiker. Professor der Theologie in Halle.

Glaukos, Pontios: Meergott, Steuermann der Argonauten. Griechischer Seedämon, stürzte sich aus Liebe zum Meergott in die See. Nach dem Volksglauben besucht er jährlich alle Küsten und Inseln des Mittelmeeres. Auf Bildwerken erscheint er in Tritonengestalt mit melancholischem Gesichtsausdruck, langem Haar und Bart, die Brust mit Seetang und Muscheln bewachsen.

Gnosis = Erkenntnis: bezeichnete zur neutestamentlichen Zeit im jüdisch-alexandrinischen, sowie auch im christlichen Sprachgebrauch tiefe Einsicht in die inneren Zusammenhänge einer religiösen Gedankenwelt und infolgedessen zuletzt eine esoterische Religionslehre im Gegensatz zum Autoritätsglauben der nur die symbolische Hülle der Ideen festhaltenden Menge.

Gnostizismus: Gesamtbezeichnung für christliche Irrlehren des 1. und 2. Jahrhunderts, die eine höhere Erkenntnis der christlichen Offenbarung mit Zuhilfenahme orientalischer und hellenistischer Gedanken suchten.

Gregor von Nanzianz: 329–390 n. Chr., Heiliger und Kirchenlehrer aus Arianz in Kappadokien. Bischof in Konstantinopel. Verteidiger der athanasianischen Lehre. Glänzender Redner.

Gymnosophisten: (Nackte Weisen) Benennung indischer Philosophen, die das Wesen der Philosophie in selbstvergessener Kontemplation und Askese suchten und den Selbstmord für wünschenswert hielten.

Hermes: der römische Mercurius, Sohn des Zeus und der Maja. Götterbote.

Hermes Trismegistos: griech. Bezeichnung für den Mondgott des alten Ägypten Thout, repräsentiert die gleichmäßige Ordnung der Welt und ist der ihr innewohnende Geist der Ordnung und Gesetzmäßigkeit. Erfinder aller Wissenschaften, Künste und Geheimlehren. Im Mittelalter waren die hermitischen Bücher (heilige Bücher der Ägypter) die Grundlage der hermitischen Philosophie (Alchemie, der hermitischen Medizin des Paracelsus, der hermitischen Freimaurer usw.).

Herodot: der älteste griechische Geschichtsschreiber, geb. um 500 zu Halikarnaß, starb um 424 v. Chr. in Thurii. Machte ausgedehnte Reisen.

Hierophantes: der erste Priester oder Vorsteher der Mysterien in Eleusis.

Hiram: König von Tyrus: 1000–970 v. Chr. Sohn des Abibaal. Führte große Bauten auf.

Horos = Horus = Hor = Haroeris = Hapokrates: ägyptischer Sonnengott, meist sperberköpfig dargestellt. Ursprünglich im Delta heimisch, hatte er seine Hauptkultstätte in der Stadt Behtet. Bei der von der Priesterschaft von Heliopolis in vorgeschichtlicher Zeit vorgenommenen Ausgestaltung der ägyptischen Religion wurde Horus „der im Horizont Befindliche" zum Sonnengott gemacht. Horus wurde zu einem Sohn des Osiris und der Isis; Seth (Typhon) zu einem Bruder des Osiris. Als Osiris von Seth ermordet worden war, flüchtete Isis in die Sümpfe des Deltas und gebar Horus. Herangewachsen besiegte Horus den Seth und wurde König der Menschen, während Osiris unter dem Schutze seines Sohnes als Herr der Ewigkeit die Herrschaft über die Toten antrat. Der jugendliche, noch in der Pflege seiner Mutter befindliche Horus heißt Harpochrot, d. i. Horos das Kind, griechisch Hapokrates; wie jedes ägyptische Kind wurde er nackend dargestellt, eine Locke an der rechten Schläfe tragend und am Finger lutschend. Dies mißverstehend haben die Griechen aus Harpokrates einen Gott des Schweigens gemacht.

Hyaden: Nymphen, Töchter des Atlas und der Aethra. Wolkengöttinnen wurden in eine Sterngruppe verwandelt. Frühaufgang Mai. Schwestern der Plejaden.

Jezirah: hebr. Schöpfung. Nach der Kabbah die dritte aus nicht vorhanden gewesener Materie gebildeten Welt; die Welt der deckenden Substanzen. Buch der Schöpfung, jüdische Schrift aus dem 8. oder 9. Jahrhundert n. Chr.

Josephus, Flavius: 37–100 n. Chr. Pharisäer, jüdischer Geschichtsschreiber; 67 n. Chr. Feldherr in Galiläa, von den Römern gefangen, wurde römischer Bürger; lebte dann in Rom. Verfasser der „Jüdische Altertümer".

Julianus Flavius Claudius: römischer Kaiser von 361–363. Wegen seiner Abkehr vom Christentum Apostata genannt. Geboren 331. Erbitterter Feind des Christentums, versuchte vergebens, das Heidentum im Stile des Neuplatonismus wieder zu beleben.

Jzed: im jüngeren Avesta Jazata, d. h. verehrungswürdig. Allgemeine Bezeichnung der guten Geister, die neben den Amschaspands im Dienste des Ormuzd stehen.

Kabbala: (hebr. Überlieferung) mystische Religionsphilosophie des jüdischen Mittelalters, hervorgegangen aus der älteren Geheimlehre. Eine angeblich dem Moses besonders gegebene tiefere Erkenntnis der im Gesetz mitgeteilten Geheimnisse. Von Moses sei diese in geheimer mündlicher Überlieferung weitergepflanzt worden. In den Büchern Jezirah und Sohar ist dies niedergeschrieben. Mit Parsismus und Zahlenspekulative verbunden, wurde sie eine mystische Religionsphilosophie. Die Kabbala kennt vier Welten als Emanation der anfang- und endlosen Gottheit, nämlich Azilutz oder die architypische göttliche Welt, den Urfeuerhimmel; aus dieser entspringt Beriah, die Welt der schöpferischen Ideen, der höchst vollendeten göttlichen Intelligenz oder der Erzengel. Dieser folgt Jezirah, die Welt der Schöpfungsformen, der Engel und anderer körperlicher Wesen, der Planetar- und Elementargeister. Als letzte, niedrigste, sichtbare Emanation verbleibt Assiah, das materielle Universum einschließlich unserer Welt, die Materie im Gegensatz zum Geiste. Diesen vier Welten, auf die auch die Hierarchia coelestis des christlichen Mittelalters aufgebaut war und die wir uns von oben nach unten immer mehr verstofflicht denken müssen, entsprechen nun folgende Stellen in der Loge:

Aziluth	=	der erhöhte Osten
Beriah	=	die drei Säulen
Jezirah	=	die Arbeitstafel
Assiah	=	der Westen

Kadmos: im griechischen Mythos Sohn des phönikischen Königs Agenor und der Telephana, Bruder der von Zeus entführten Europa. Man schreibt ihm die Einführung des Ackerbaues und der Buchstabenschrift und der Bearbeitung der Erze zu.

Kosmogonie: dichterisch-mythische Weltentstehungslehre.

Krishna: der Schwarze, der Nationalheld des indischen Volkes der Jadova. Achte Inkarnation des Vishaukultus.

Ktesias: griechischer Geschichtsschreiber aus Knidos in Karien um 410 v. Chr. Leibarzt am persischen Hof.

Kybele: ursprünglich phrygische Göttin. Personifikation der mütterlichen Natur, besonders des üppigen Naturlebens der Gebirge und Wälder.

Lactantius = Lucius Coelius Lactantius Firmianus: lateinischer Kirchenschriftsteller und Lehrer der Beredsamkeit um 300 n. Chr.

Lao-tse: gewöhnlicher Name des chinesischen Weisen Lichyang, ein älterer Zeitgenosse des Confucius. Im 6. Jahrhundert n. Chr.

Loki: (altnord. Schließer) der alles beendigende, schließende Gott, macht dem Guten wie dem Bösen ein Ende. Er war auf der einen Seite ein guter Gott, auf der anderen das vernichtende Element. Schlauheit, List und Heimtücke sind sein eigen.

Macrobius: Ambrosius, Theodosius; lateinischer Schriftsteller afrikanischer Herkunft. Um 400 n. Chr. Grammatiker.

Magier: bei den Medern und Persern die Mitglieder der Priesterkaste. Sie waren im Besitz der wissenschaftlichen Kenntnisse und übten die priesterlichen Funktionen der zoroastrischen Religion aus.

Manes = Mani: 215–276 n. Chr., stiftete die im 4. und 5. Jahrhundert verbreitete, aus dem babylonischen Gnostizismus herausgewachsene, mit christlichen Vorstellungen durchsetzte Religionsform Manichäismus.

Marcion: Gnostiker, Stifter der Marcionisten, einer christlich-gnostischen Sekte; gest. um 170 in Rom.

Martianus Capella: aus Madaura in Afrika; Sachwalter in Karthago um 425 n. Chr.

Melito: Bischof von Sardis, gest. vor 194 n. Chr. Verfasser einer Apologie der christlichen Religion.

Melkart: (d. i. Stadtkönig) Name des Baal oder Stadtkönigs von Tyrus, wo er einen prächtigen Tempel hatte. Von hier verbreitete sich sein Kult über die Kolonien. Er wurde dem Herakles gleichgesetzt.

Mercurius, Merkur: dem griechischen Hermes gleichgesetzter römischer Gott. Schutzgott der Kaufleute.

Metempsychosis: bei den alten Griechen die Seelenwanderung.

Midgardschlange: umschließt nach der nördlichen Mythologie die mittelste der mythischen Welten (Midgard), die dem Menschen zum Wohnsitz dient und schützt sie gegen den Einbruch des Meeres und die Anfälle der Riesen.

Mithras: in der altiranischen Religion der Gott des Lichtes. Sein Kult war in den ersten Jahrhunderten nach Christi weit verbreitet. Feind der finsteren Dämonen; Wächter über Treue und Wahrheit unter den Menschen. Später ganz mit der Sonne identifiziert.

Molay, Jakobus Bernhardus, von: der letzte Großmeister der Tempelherren, stammt aus Burgund. Auf Betreiben des Papstes Clemens V. von König Philipp dem Schönen nach Frankreich eingeladen, wurde er am 13. Oktober 1307 angeblich wegen Ketzerei vor ein gedungenes Gericht gestellt und am 18. März 1313 in Paris verbrannt.

Neith: als Lokal-Göttin in Seis verehrt, mit Isis identifiziert.

Nephthys: Gemahlin des Typhon und Schwester des Osiris, Mutter des Anubis.

Neuplatoniker: die letzte große Schule der griechischen Philosophie baute ihr System aus den Einzellehren der platonischen, aristotelischen und stoischen Philosophie auf. Ihr eigenes Prinzip ist der mystische Grundgedanke der religiösen Sehnsucht, der den Abgrund zwischen der unendlichen, rein geistig und transzendent gedachten Gottheit und dem in die böse Materie versenkten Einzelgeiste durch ein System von Zwischenexistenzen auszufüllen sucht.

Nicephorus Constantinopolitanus: 758–829 n. Chr., Patriarch von Konstantinopel, Verfasser theologischer Werke, Verteidiger der Bilderverehrung.

Nous (Nus griech.): Geist, die Weltseele des Anaxagoras; bei Platon und Aristoteles die denkende Seele, die der Mensch den Tieren voraus hat.

Oannes: Fabelwesen, lehrte, aus dem erythräischen Meer aufgetaucht, den Babyloniern Schriftzeichen, Wissenschaften, Künste, Ackerbau usw.

Odin: Alfadur, oberster Gott der nordischen Germanen, Gemahl der Frigg; ihm zur Seite die beiden Raben Hugin (Gedanke) und Minin (Erinnerung), wird bei der Götterdämmerung vom Fenriswolf verschlungen.

Ormuzd: Name der höchsten Gottheit in der Religion Zoroasters; er ist das gute Prinzip, der Schöpfer der ganzen guten Schöpfung, von Gesetz und Ordnung, Licht und Leben.

Orpheus: der berühmteste unter den mythischen Sängern Griechenlands. Wurde als Stifter einer religiösen Geheimlehre und geheimnisvoller Kultgebräuche betrachtet.

Ovidius, Publius Naso: römischer Dichter. 43 v. Chr. bis 17 n. Chr. Im Jahre 9 n. Chr. von Augustus nach Tomi am Schwarzen Meer verbannt.

Palingenesie: Wiedererstehung aus dem Alten.

Peripathetiker = Spaziergänger: aristotelisch-philosophische Schule. Sie hatten den Namen, weil sie während der Vorträge in den Säulenhallen des athenäischen Lykaion wandelten.

Philon, Judäos (Rabbi Jedidja): aus Alexandrien, 25 v. Chr. bis 50 n. Chr., bedeutender jüdisch-hellenistischer Philosoph, suchte zwischen der platonisch-aristotelischen Philosophie und dem Rabbinismus zu vermitteln mit besonderer Anlehnung an die Logoslehre. Mit ihm soll Jesus von Nazareth während seines Aufenthaltes in Ägypten Umgang gepflegt und unter seiner Leitung sich in den alten Philosophien und Mysterien unterrichtet haben.

Philostorgios: aus Kappadokien, schrieb um 430 vom arianischen Standpunkt aus eine Kirchengeschichte.

Platon: der größte unter den Philosophen des Altertums. 427–347 v. Chr., lebte zu Athen.

Plejaden = Taubenschwarm: die sieben Töchter des Atlas und der Pleione. Aufgang Mitte Mai, Untergang Anfang November.

Plutarchos: neuplatonischer Philosoph, etwa 350–430, lehrte in Athen.

Porphyrius: neuplatonischer Philosoph, 232–304.

Proklos: neuplatonischer Philosoph, 411–485 n. Chr., geboren in Konstantinopel, Schüler des Plutarch.

Pythagoras: griechischer Philosoph, 582–507 v. Chr., aus Samos; wanderte nach Italien aus.

Python: ein Drache, der am Parnaß hauste und von Apollo getötet wurde.

Sabäismus: Anbetung der Gestirne, Kultform der Babylonier und Assyrer und der Sabäer Arabiens.

Sallustius, Gajus S. Crispus: berühmter römischer Geschichtsschreiber aus Amiternum; 86–36 v. Chr.

Sanchoniathon: (phönizisch = Sanchon hat ihn gegeben) von Berytus (Beirut) oder von Tyrus, soll um 1250 v. Chr. gelebt und über die Urgeschichte Phöniziens und Ägpytens geschrieben haben.

Schamanen, Schamanismus: das Religionssystem der meisten der niederen Kulturvölker.

Sefer jezirah: Buch der Schöpfung (in 6 Kapiteln) mit der Grundidee: die 10 Zahlen (sefirot) und die 22 Buchstaben (die sogenannten Bahnen der Weisheit) seien der Grund aller Dinge.

Sohar: das in unkorrektem Aramäisch in Form eines Pentateuchkommentars abgefaßte Hauptwerk der Kabbala. Es wird von den Kabbalisten als ein auf göttlicher Offenbarung von dem Mishnalehrer Simon ben Jochai (2. Jahrhundert) verfaßtes Werk betrachtet. Nach neueren Forschungen ist es nicht älter als das 13. Jahrhundert und höchstwahrscheinlich ein Machwerk des Moses de Leon in Spanien.

Sokrates: berühmter griechischer Philosoph, 469–399 v. Chr.

Soshians, später Sosiosh: Bezeichnung des Heilands im Zend-Avesta.

Strabo: griechischer Geograph aus Amasia in Potos, geb. um 630 v. Chr., lebte meist in Rom; machte große Reisen.

Suidas: griechischer Grammatiker um 970 n. Chr.

Tertullianus, Quintus Septimius Florenz: ältester lateinischer Kirchenschriftsteller in Karthago, 160–220 n. Chr., feuriger, groß angelegter Geist, besondere rednerische Begabung.

Thales: griechischer Philosoph aus Milet, 640–543 v. Chr., einer der sieben Weisen, nahm das Wasser als Grundprinzip aller Dinge; von ihm stammt der Satz: „Erkenne dich selbst".

Thamuz: im jüdischen Kalender der 10. Monat, der von einer gleichnamigen syrisch-phönikischen Gottheit den Namen erhielt.

Thor: der alte Hauptgott der Skandinavier, der altdeutsche Donar; Freund der Menschen und ihr kräftiger Beschützer vor den Riesen. Kampf mit der Midgardschlange, von der er getötet wurde.

Titanen: in der griechischen Sage die Söhne und Töchter des Uranus und der Gaja.

Typhon: griechischer Name des ägyptischen Gottes Seth. Gegner des Sonnengottes Hiros; ein Gott der Finsternis und alles Bösen; Schutzherr des Auslandes und der Wüste.

Veda – Weda: heiliges Wissen; ältester Teil der indischen Literatur.

Zend Avesta: der von Anquatil Duperron in Europa eingeführte Name der heiligen Schriften des Zoroaster, in neuer Zeit Avesta genannt, wie die Parsen sie nennen.

Zoroaster: der in Europa gebräuchliche Name des Begründers derjenigen Religion, die im Reiche der Achämeniden und Sassaniden herrschte und noch heute die Religion der in Persien und Indien zerstreuten Parsen. Ursprünglich lautete der Name Zarathustra; sein Träger ist eine historische Person und lebte vor dem 6. Jahrhundert v. Chr., geboren vermutlich in Ostiran, dem Schauplatz seiner Tätigkeit. Nach der Religionslehre erscheint am Ende der Tage, aus dem Samen Zoroasters von einem Mädchen geboren, der Heiland (Saoshjans) Astvatereta, der im Verein mit den Amshaspands Ahriman und seine Dews besiegt; die Toten wachen auf, die Welt ersteht neu, frei von allem Bösen und unvergänglich.